CJ　きめる! KIMERU SERIES　Gakken

[きめる！共通テスト]

古文・漢文

Classical Japanese

著＝塩沢一平（駿台予備学校）／三宅崇広（駿台予備学校）

introduction
はじめに

僕が受験生だったころ、1日に6時間以上勉強しても得点が伸びない、効率の悪い勉強をしている友人がいた。一方、あまり勉強していないのに、試験で高得点を取り、どんどん成績が上がっていく、飄々《ひょうひょう》とした友人もいた。

教える立場になった今、こつこつ勉強してるのに、なかなか成績が上がらないという生徒や、なるべく短時間で高得点をあげたいという生徒をみる。

どうしたら飛躍的にそんな生徒の成績を伸ばせるだろうか、と考えているうちに、ひらめいた。そう、飄々とした友人が無意識のうちに行っていた、要領のいい勉強法を明確にし、無駄な努力をしないで済む方法を示せばいいのだ、ということが。

攻略法をひとつ知っているだけで、解き方はまったく変わる。「ただ長時間勉強すれば解けるようになるとは限らない」ということを覚えておいてほしい。

「大切な攻略法に焦点を絞り、無駄な努力をしないで最大限の効果をあげる」をコンセプトに、この本は作られている。

「共通テスト　特徴と対策はこれだ!」で、まず、古文の概要と読解に必要な事項をハッキリさせ、何をすればよいのかをつかみ、しっかりとしたモチベーションで目標に突き進むことができる。

共通テストでは、出題される設問のタイプは限られている。

例えば、「次の【文章Ⅰ】【文章Ⅱ】……」という複数文章比較問題などである。

実は、この設問タイプ別によって、解き方は変わる。この本は、設問別に対応した「攻略法」を示した、まったく新しい解き方の本である。過去問の解答の解説と、あたりさわりのない読解法が書かれているだけの他の参考書との違いは歴然だ。

それと本書では「和歌」についても解説している。これまで和歌を含む文章が出題されたときは、ほぼ確実に設問になっている。序詞や縁語などの和歌修辞をマスターして大きく差をつけよう。

また、共通テストでは、単語の意味が正解のキーワードとなる問題も少なくない。そこで、別冊として「古文重要語」を用意した。ここに掲載されている事項がインプットされていれば、共通テスト単語はもう大丈夫。

このように、本書を活用してシェイプアップした勉強法をとれば、短時間で効率よく、古文で9割から満点を取ることができるはず。さあ、まず、ページを開いてほしい！

古文担当　塩沢一平

漢文編

「共通テスト」への不安を感じている方はいらっしゃいませんか？　「共通テスト」の古典は満点を取りたいと考えている方は？

そんなあなたこそ、この「きめる！」シリーズ、『きめる！　共通テスト古文・漢文』なのです。

共通テスト対策の参考書・問題集は、これから無数に出てくるでしょう。センター試験のときもそうでしたが、「きめる！」シリーズは、そのパイオニア的存在です。旧『きめる！　センター古文・漢文』は、センター古典対策のベストセラーでした。何十万人もの先輩たちが、このシリーズで勉強し、センター試験を突破して、志望校合格の栄冠を勝ち取ってきたのです。

今回、このシリーズを、共通テストの傾向をふまえて大改訂しました。

まずはじめに、「共通テスト　特徴と対策はこれだ！」で、共通テストの概略と、対策を講じていくうえでの心がまえを確認してください。

つぎに「攻略法0　共通テスト漢文攻略のためのルール」で漢文読解のための基本ルールと、共通テスト漢文への取り組み方を理解してください。

さらに「句形別攻略法」で、それぞれの句形の試験攻略上のツボを習得し、「設問別攻略法」では、各設問の解法を学んでください。

「別冊（漢文重要語）」を繰り返しチェックし、漢文攻略のための語彙力アップをはかってください。

「漢文総合問題」は、本番のつもりで時間を15～20分と決めて取り組み、ご自分の漢文力を試してください。誤りがあればそれを確認して、さらに弱点の克服に努めてください。解説をしっかり読んで正しい取り組み方をマスターし、万全の対策で試験に臨んで下さい。

この「きめる！　古文・漢文」で勉強される皆さんの、志望校合格を確信しています。

今こそ、君が「きめる！」番です！

漢文担当　三宅崇広

もくじ

古文編

漢文編

古文編

共通テスト特徴と対策はこれだ！

先生、共通テストの古文って、どうやって勉強すればいいんですか?

どうすればいいと思う?

やっぱり、文法と単語をやって、過去問と模試の復習をすればいいんじゃないかなぁ。

それで、実力がつく実感ってある?

全然。ただこなしている感じで……。だから聞いてるんじゃないですか!

確かに、そうだね。大切なことは、大きくは二つ。一つが**敵を知ること**、もう一つは、**設問タイプを理解してその対策をちゃんとする**こと。陸上に喩《たと》えると、マラソンのために、百メートル走の練習をしても意味がない。マラソンのためには、こんな食事を取るとか、こんな筋肉を鍛えるという科学的な練習が必要なんだよ。

喩えはわかりますけど、じゃあ具体的には?

敵を知るというのは、共通テストが何を目指していて、どんな学力を測りたいのかを知るっていうことだね。**「大学入試センター」のHPを必ず見よう**！ まずは**「基本的な考え方」**をよく見てほしいんだ。毎年少しずつ変わるけど、何を知っているかという「知識・技能」だけではなくて、**「『思考力・判断力・表現力』を発揮して解くことが求められる問題を重視する」**と書かれていたりするんだね。ということは、**「この文章の表現の特徴として……」という問題が出る可能性もある。** また、「思考力・判断力」でいうならば、本文中にズバリ正解が書かれていなくても、**主旨説明問題は、本文中のいくつかの内容を組み合わせていくと正解と考えられるというものが正解になる**んだ。……実際の社会で直面する問題に正解はなく、最善と思える組み合わせを実行していくことになるのと同じだ。

POINT （共通テストの特徴……敵を知る）

1. 「大学入試センター」のHPを必ず見よう。
2. 表現の特徴を問う問題が出る可能性がある。
3. 本文中に正解がなくても、内容を組み合わせると正解と考えられるものが正解。

社会に出たときに、大切な力の基本が問われてるってことですね。

その通りなんだ。もう一つ。**「どのように学ぶか」ということで「主体的・対話的で深い学び」が重要視されている**んだ。

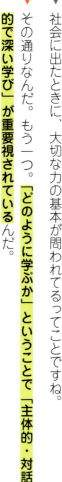

えっ、先生、それって、どういうことですか？

主体的はわかるよね。では「対話的で深い学び」って何かというと、ここで話をしているのもそうだけど、社会では、ひとりで考えるだけじゃなくて、様々な人との話し合いの中で正解を見つけていくよね。その**話し合いの過程を重要視しようと考える**ということなんだ。だから、**生徒A・生徒B……の話し合いの中から答えを導く設問が出される**んだ。

学校で、話し合いやグループ学習をする、アクティブ・ラーニングが増えているのもそのためなんですか？

まさしく、その通り。このことは、国語の「科目の問題作成の方針」にも**「言語活動の過程を重視する」**と書かれていたりするんだよ。いきなり、話し合い問題を解いても、解けないよね。**学校の話し合いやアクティブ・ラーニングに積極的に取り組むことも大切**だね。

もうひとつ。**「異なる種類や分野の文章などを組み合わせた、複数の題材による問題を含めて検討する」**なんても書いてある。

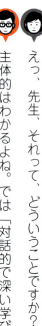

これって、模試で出た、**似たような内容の違った作品が【文章Ⅰ】、【文章Ⅱ】などという形で出題される**もののことですか？

そうそう、それだね！　僕たちは、物事を判断するときに、いろいろ比べたりいろんな意見を比較しながら判断していくよね。古文の問題を通じて、複数の情報を精査して決定していく力を測るということなんだ。

POINT （共通テストの特徴……敵を知る）

4 生徒A・生徒B……の生徒どうしでの話し合いから答えを導く設問が出される。

5 学校の話し合いやアクティブ・ラーニングに積極的に取り組むことも大切。

6 【文章Ⅰ】、【文章Ⅱ】などという複数文章を比較する問題が出される。

敵を知る、つまり特徴は、わかってきた気がします。じゃあ、どんな対策を立てたらいいんですか？

対策といっても、問題を漫然とこなせばいいわけじゃない。**対策は、設問のタイプ別に、その特徴を理解して、それに対するアプローチが必要**になるんだ。古文の共通テスト対策は、かっこよくいうと、科学なんだよ。

先生、具体的に教えてください！

わかりました。わかりやすく設問タイプとその対策をまとめて示すので、よく確認して下さい。

POINT　（共通テストの対策……設問タイプ別対策）

1　語句の意味や傍線部解釈問題

①　短い語句の問題……一発必答の語句は、必ずでるとは限らない。**文章構造をとらえて解く、クールで渋い論理的な思考が必要。**　この対策は、「攻略法２」で詳しく解説するから大丈夫。理解すると、すごく差がつくはず！

②　傍線部解釈問題……まずは逐語訳（一語一語を訳してつなげていく）。ただし、**反語や反実仮想ではテクニックが必要。**　この対策は、「攻略法３」で詳しく解説するから大丈夫。ストレートな訳では対応できないものでも差をつけよう！

2　文法・敬語問題

文法・敬語問題は、単独で出題されない可能性もある。しかし、内容理解に欠かせないもの。また、傍線部解釈問題や、主体判定問題の中で問われることもある。「攻略法４」「攻略法５」でマスターしよう。読解力も連動してかなり上がるはず！

3　内容説明・心情説明・理由説明問題

これらの問題はどう解けばいいか、習ったことある？　ないよね。でも「攻略法６」「攻略法７」をマスターすれば、この難問が君の得点源になる！　しかも、この攻略法は、現代文に当てはめても考えることができる。現代文の得点アップにもつながる！

4　複数文章比較問題・生徒どうしでの話し合い問題

この問題、どうアプローチしたらいいか、もうお手上げかもしれない。でも大丈夫。「攻略法8」で、複数文章の比較を、「攻略法9」で、話し合い問題に対する対策をしっかり示す。このマスターで、大きな差をつけられるはず。

5　和歌関連問題

和歌は特に重視されている。表現の特徴として和歌を問うことが多い。和歌を含む文章が出たときには必ず設問になっている。でも和歌問題の解き方を習った人はいる？　ほとんどいないよね。ということは、これができれば、相当差がつくはず。共通テストの和歌攻略法を、本書ほど詳しく説明した本はほかにない。

「攻略法10〜12」で和歌関連問題をマスターして、大きく差をつけよう。

先生、何をしたらいいかが、だんだんわかってきたような気がします。

そうだね。何をしたらいいか、わかったら、この参考書で対策をマスターしようね。他のものに手を出して中途半端になるより、一度読んでしまったら、何度も繰り返すといいよ。それでは、満点をめざして、頑張りましょう。

共通テスト 特徴と対策はこれだ！

先生、共通テストの漢文って、どんな試験なんですか？

共通テストの漢文は、満点がねらえる試験です。ぜひ本書で十分な対策を講じて、第一志望校合格という栄冠を勝ちとってください。

共通テストの漢文では、どのような力が問われるのですか？

共通テストでの漢文問題は、従前のセンター試験と大きく変わるものではありません。ただし、センター試験の末期に取り込まれていた情報処理の要素が、やや比重が大きくなって出題されることは確かです。つまり、高校課程終了時の受験生の、**標準的な国語力・読解力、そして情報処理力が備わっているかどうかが問われてくる**のです。

なるほど。では、どんな対策をすればよいですか？

何よりもまず、「漢文」を読むためのハードルをクリアする力を養いましょう。現代文などとは比較にならないほど単純明快な筋の話でも、それを読むための道具である知識を持っていなければ太刀打ちできません。日本人としての教養

の一つである、**「漢文」を読む方法の基礎を身につけているかどうか**も、もちろん問われているわけです。

具体的には、どんなことをすればよいですか？

第一に、漢文を読むための基本的な道具である、**句形・語法**をある程度は覚えておかなければなりません。漢文は確かにある程度覚えることを必要とする科目ですが、裏を返せば知識が得点に直結し、努力したことが報われるありがたい科目でもあるのです。

だから、満点がねらえるんですね。

しかも、**使役や再読文字のような基本句形が毎年の入試漢文で数多く出題されている**わけですから、的を絞ることができ、覚えることとて決して多くはありません。その意味では、**漢文ほど短期間での得点アップが可能な教科はほかにはないとも言える**でしょう。

そうなんですね。やる気が出てきました。

共通テストで毎年出題される読み方や解釈の問題でも、そのほとんどで大きなポイントになっているのが句形・語法です。ぜひ漢文編の「攻略法1～14」を十分に活用して、漢文を読むための確かな道具を身につけてください。漢文を得点源に変えることができるはずです。もちろんこれは、同時に国公立二次試験や私大の漢文対策としても不可欠なものです。

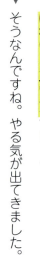

わかりました。ほかにはどんな対策をすればよいですか？

第二に、**「国語力＝語彙力＝漢字力」**を養うことが必要です。漢文も「国語」のなかの一分野ですから、日本語としての語彙力で決まる設問も若干出題されています。実は例年最も正答率が低いのがこのタイプの問題であり、語彙力の不足というのが現代の受験生の弱点になっているようです。

そうなんですね。

正答率が低い設問ですから、万一失点しても大きな影響はないかもしれませんが、漢文は満点をとれる科目。ここで満点を取って差をつけたい皆さんは、この対策も怠ることは許されません。漢文編の「攻略法17　語意を問う問題」と「別冊　漢文重要語」はそのためのものです。

しっかり語彙力を身につけておきたいですね。

第三に、上手に**情報処理**を行って取り組むことです。漢文としての本文に入る前に、リード文（本文の前の説明書き）・（注）・設問（とくに全文の趣旨にかかわる最後の設問）にまとめて目を通して、話題やキーワードなどの文章を読むための方針を把握してしまうのです。日本語での情報として方針を把握していますから、漢文の文章を読む上で「はずす」ことが防げるのです。**「漢文総合問題」とその解説で、最大限に効果的かつ効率的な取り組み方をマスター**してください。

POINT

漢文で合格点→満点を取るために必要なこと

1 漢文を読むための基礎を身につける
基本的な句法・語法を覚え、活用する。

2 標準的な国語力を養う
語彙力・漢字力をつける。

3 共通テスト特有の攻略法（＝情報処理力）を身につける
本書の攻略法をしっかりマスターする。

共通テストの漢文には、どのような設問があるのですか？

漢文の設問は6～7問程度、枝問が設けられることがありますが、それでも1問あたりの配点は他教科に比べて高いことも多いですから、注意が必要です。設問の内容は、傍線部の「読み方」「書き下し」を問うものが1問（枝問の設定で2問になることもある）、傍線部の「解釈」「意味」を問うもの（あるいは、それに準ずるもの）が3問、語句の意味を問うものが1問（枝問の設定で2問になるのが普通）、文章全体の「趣旨」「論旨」を問うもの（内容一致問題）が1問というのが、平均的な構成です。

わかりました。それぞれの対処法をお願いします。

「読み方」「書き下し」の設問に対処するためには、基本的な語順の理解と、句形・

語法の知識がどうしても必要です。その知識があれば傍線部を見ただけで正解が得られる設問が少なくありません。漢文編の「句形別攻略法（攻略法1〜14）」で前提となる知識を、「攻略法15　読み方・書き下しの問題」で実戦的な解法をマスターしてください。ただしもちろん、いわゆる「文脈」を読み取る必要のある問題も出題されますから、「攻略法16　解釈の問題」も重要です。

は〜い。

語句の意味を問う問題には、「攻略法17　語意を問う問題」と別冊の「漢文重要語」が役立つはずです。文章の「趣旨」「論旨」を問う問題（例年一番最後の設問）は、本書の「句形別攻略法」で漢文を読むための正しい道具を身につけた皆さんには、恐い問題ではありません。前述した通り、**共通テストの漢文は現代文などとは比較にならないほど単純明快な筋の話が出題される**のが普通ですから、漢文を現代文に変換する力を持っていれば、文章の「趣旨」「論旨」など簡単につかめるはずです。

基本的な漢文の読み方を、しっかり身につけておけば、大丈夫ですね。

ただし、「攻略法16　解釈の問題」に示すように、①まず最後の設問に目を通して話題をつかみ、②それとの整合性を確かめながら全体を読み進め、③最後に設問相互のつながりをチェックして（矛盾する答えを除外して）解答を決定する、という方法はぜひ実践してください。最後の設問でも必ず大きな手がかりとなるはずです。では、勉強を始めましょう。がんばって下さいね。

Chapter 1

古文編

攻略法 **0**

古文の基本となる文法を押さえよう

運用中止法と準体法のマスター

大学入試では、高校の授業でしっかり勉強したかどうかが問われる。つまり、「品詞分解をして、文法を押さえたきちんとした訳ができることが大切だ」ということなんだ。

まずは、一番大切な「動詞の活用」とその「用法」を確かめてみよう。

1 動詞の活用とその用法

・**未然形**＝まだしていないという形。→**仮定条件を表す**。「ず」などが下につく

例 雨降ら｜ず。

・**連用形**＝① 用言に連なる（連用修飾）形。→「けり」「て」「、」などが下につく。

例 雨降り｜しきる。……「しきる」は用言（動詞）。

じゃあ、始めるよ。
まずは、
古文に必要な
超基本事項から

②連用中止法（「、」をつけるなどして、そこで文を中止する用法）→対を作る。

例 雨降り、風も吹く。　＊「降り」と「吹く」が対。

傍線部分が連用中止法だとわかれば、その下の内容と対（ペア）にして内容が把握できる。

連用中止法と対をなす部分の下に打消や受身があるとき、**対の両方が打消・受身になる。**

例 うるはしく、優ならぬ姫。

（訳 美しくなく、上品でない姫）

例 飛ぶ鳥は翼を切り、籠に入れられて

（訳 飛ぶ鳥は翼を切られ、籠に入れられて）

・**終止形**＝文が終わる形。

例 雨降る。

・**連体形**＝①体言☆に連なる（連体修飾）形。→「こと」「とき」などが下につく。

例　雨降る　朝、……。「朝」は体言（名詞）。

②**準体法（連体形が体言を含みこむ用法）→連体形の下に名詞を補って訳す。**

例　雨降る　は、わびし。（訳　雨が降ることは、やりきれない）

・**已然形**＝已《すで》にしたという形。→**確定条件☆を表す。**「ども」などが下につく。

例　雨降れ　ば、通はれず。（訳　雨が**降るので**、通うことができない）

・**命令形**＝命令して言い切る形。

例　雨降れ。

☆体言は、名詞・代名詞。

☆現代語の「仮定形」は、古文では「未然形」が表す。例　雨降ら　ば、やどらむ。訳　雨が**降るならば**、雨宿りをしよう。

② 古語の活用の、現代語との対応

現代語	古語
五段活用	……**四段活用**・下一段活用・ナ行変格活用・ラ行変格活用
上一段活用	……**上二段活用**・上一段活用

下一段活用　……………**下二段活用**
カ行変格活用…………カ行変格活用
サ行変格活用…………サ行変格活用

③ 現代語にない、二段活用（下二段活用・上二段活用）

下二段活用は最重要……下二段活用の助動詞が多いから。

現代語の「受ける」などの下一段活用や、「過ぎる」などの上一段活用は、古文では、二段に活用する。終止形は、それぞれ「受く」「過ぐ」。

・**未然形**　**受け**　ず
・**連用形**　**受け**　けり
・**終止形**　**受く**　……終止形は「受ける」ではない。

下二段活用に「受ける」という活用形はないのよ！

・**連体形**　受くる　とき
・**已然形**　受くれ　ども
・**命令形**　受けよ

活用する母音部分は、未然形からそれぞれ
e（え）・e（え）・u（う）・uru（うる）・ure（うれ）・eyo（えよ）
と活用する。覚えよう！

下二段活用の助動詞　つ・る・らる・す・さす・しむ

例「つ」の活用は、未然形からそれぞれ
て・て・つ・つる・つれ・てよ

例「る」の活用は、未然形からそれぞれ
れ・れ・る・るる・るれ・れよ

練習問題
次の文を訳してみよう。
はや、行きてよ。

解答
早く行ってしまえ。

解釈 「てよ」は、下二段活用をする完了の助動詞「つ」の命令形。「てしまえ」

動詞活用表

	未然形 …ズ	連用形 …タリ	終止形 …。	連体形 …トキ	已然形 …ドモ	命令形 …!	現代語の活用	例
四段活用	a	i	u	u	e	e	五段	言ふ・行く・取る
上一段	i	i	iる	iる	iれ	iよ	上一段	着る・居る・率る
下一段	e	e	eる	eる	eれ	eよ	五段	蹴る
上二段	i	i	u	uる	uれ	iよ	上一段	過ぐ・起く・老ゆ
下二段	e	e	u	uる	uれ	eよ	下一段	受く・経・絶ゆ
ナ変	な	に	ぬ	ぬる	ぬれ	ね	五段	死ぬ・往ぬ
ラ変	ら	り	り	る	れ	れ	五段	有り・居り・侍り
カ変	こ	き	く	くる	くれ	こ(よ)	カ変	来
サ変	せ	し	す	する	すれ	せよ	サ変	す・おはす

4 形容詞と形容動詞を理解しよう。

形容詞・形容動詞が重要な理由。
……人の気持ち（やものの様子）を表すから。
……形容詞型・形容動詞型の**助動詞**が多いから。

現代語の「うれしい・悲しい」などのように、人の気持ちを表したり、「早い・白い」などのように、ものの様子を表すのが**形容詞**。

終止形は古語では「うれし・悲し・早し・白し」のように「―し」になる。

人の気持ちを表す形容詞は、古文の試験で頻出する「**心情説明問題**」のキーワードになるから、とても大切。

まずは、形容詞の活用表を見てみよう。

形容詞は、
人の気持ちや、
ものの様子を表す
単語よ！

形容詞活用表

語	語幹		未然形	連用形	終止形	連体形	已然形	命令形	例
早し	早	基本活用	○☆	く	し	き	けれ	○	早し・白し うれし・悲し
		補助活用（カリ活用）	から	かり	○	かる	○	かれ	

☆未然形に「く」がある説もある。しかし、意見が分かれるものは、出題されることはほぼないので、「○」と覚えよう。

活用部分は、「○☆・く・く・し・き・けれ・○・から・かり・○・かる・○・かれ」。声に出して覚えよう。

補助活用（「カリ活用」ともいう）は、**下に助動詞がつく**ためにできた活用。例えば、「早し」の連用形に「けり」がつくときに、「早く」という基本活用に「けり」はつかず、「早かりけり」になる。「早くけり」とは言わないんだ。

形容詞には、「早し」のように、連用形が「早**く**」と「**く**」になるものと、「うれし」のように、「うれ**しく**」と「**しく**」になるものがある。

「**く**」になるものを「ク活用」、「しく」になるものを「シク活用」と呼ぶ。意味は変わらないから、あまり気にしないでいいだろう。

ク活用かシク活用かは、「なる」をつけて見分けよう。

「くなる」→ 例「白し」「白く・なる」……**ク活用**

「しくなる」→ 例「悲し」「悲しく・なる」……**シク活用**

已然形の「……けれ」を、過去の助動詞の「けり」の已然形と間違わないよう!

例 月見るこそ、うれしけれ。

係助詞「こそ」の結びは、「けれ」ではなく、「うれしけれ」。

練習問題 **次の文の「こそ」の結びを指摘してみよう。**

思はむ子を法師になしたらむこそ、心苦しけれ。

解釈 「心苦し」の已然形は、「心苦しけれ」。「けれ」と分けて考えてはいけない。

解答 心苦しけれ

形容詞型活用の助動詞……終止形が「し(じ)」で終わる助動詞が形容詞型

まほし・たし・べし・まじ・ごとし

現代語の「あわれだ」など人の気持ちを表したり「静かだ」などというものの様子を表すのが**形容動詞**。

古語の終止形には、「あはれなり・静かなり」のように、「―なり」になるもの（ナリ活用）と、「堂々たり」のように、「―たり」となるもの（タリ活用）がある。

人の気持ちを表す形容動詞も、古文の試験で頻出の**心情説明問題**のキーワードになるから、やはりとても大切だ。

形容動詞の活用

語	語幹	活用の種類	未然形	連用形	終止形	連体形	已然形	命令形	例
静かなり	静か	ナリ活用	なら	なり に	なり	なる	なれ	なれ	静かなり あはれなり
堂々たり	堂々	タリ活用	たら	たり と	たり	たる	たれ	たれ	堂々たり 茫々《ぼうぼう》たり

「ナリ活用」の連用形の基本は（「静かになる」のように）「に」。下に助動詞がつくときに、「静かなりき」のように「なり」となる。

形容動詞型の助動詞……断定を表す「なり」と「たり」だけ。

形容動詞の連用形の「に」と、他の「に」の識別は頻出。左の表を覚えておこう。

「に」の識別

○形容動詞　＝　様子・状態・「げ」＋に
○副詞　＝　様子・状態・＋に（活用なし）　例　つとに
○格助詞　＝　名詞・連体形＋に（「に」の訳は「に」のまま）
○接続助詞　＝　連体形＋に（「に」を「に」と訳さない・順接・逆接・単純接続）
○助動詞・断定　＝　名詞・連体形＋に＋「あり系」
○助動詞・完了　＝　連用形＋に

練習問題

次のア〜カの文について、傍線部の文法的説明として最も適当なものを、それぞれ後の①〜⑥のうちから選べ。

ア　すでに五年を経たり。

イ　その寺におきて

ウ　大きに驚き怪しむ

エ　永く見えずして止みにけり。

オ　やむごとなき人にやあらむ

カ　風吹かざるに、波岸をあらふ。

①　形容動詞の活用語尾　②　副詞の一部　③　格助詞

④　接続助詞　⑤　助動詞・断定　⑥　助動詞・完了

古文って、恋愛小説みたいに面白いのよ！

解答

ア＝②　イ＝③

ウ＝①　エ＝⑥

オ＝⑤　カ＝④

攻略法 1

出典タイプによって読み方を変えよう

課題文に取り組む前に出典を確認

例えば現代文でも、評論と小説の問題を、同じようには読まないよね。古文の試験でも、出典タイプによって、読み方・解き方のアプローチを変えるのが賢い方法。

出題される文章は、説話のように、話の始めから終わりまでが問題文になっている、完結している文章（仮に、これを**完結系**の文章と呼ぶ）と、『源氏物語』などのつくり物語のように、長い作品のある一部分が出題されるもの（仮に、これを**非完結系**の文章と呼ぶ）とに分けられる。

ジャンルによって
読み方・解き方も
違うから、
気をつけて！

完結系の文章（説話・随筆・歌物語）の攻略法

① 完結系の文章で前書きアリは、内容把握の大きなヒント

完結系の文章は、内容が出題された範囲で完結しているため、基本的に前書きなしで内容が理解できる。前書きがあるということは、それがないと内容がつかめないから。

例題1

次の文章は、鎌倉時代の仏教説話集『閑居友《かんきょのとも》』の一節である。これを読んで、後の問いに答えよ。

←大ヒント……仏教がすばらしいという話になるはず

←前書き

むげに近きことにや。駿河《するが》の国、宇津の山にそこともなくさすらひありく僧ありけり。……

問 傍線部B「（私は）僧の真似にてかくは侍れど、まめやかにいかにして世を出づべしともおぼえ侍らず。」の解釈として最も適当なものを、次の①～⑤のうちから一つ選べ。

仏教関係の慣用句「出家する」の意→世を出づ

① あなたはまがりなりにも出家しておられますが、私の方はほんとうのところ、どのようにして俗世を捨て去ればよいのかわからないのです。 ×

正解→② 私は僧をまねてこうしておりますが、ほんとうのところ、どのようにすれば俗世を捨て去ることができるかわからないのです。 ○

③ あなたはまがりなりにも出家しておられますが、ほんとうのところ、どうすれば俗世を捨て去ることができるのかわかっておられないように思われます。
④ あなたは僧をまねてこうしておられますが、私の方はほんとうのところ、どのようにすれば立身出世することができるのかわからないのです。
⑤ 私は僧をまねてこうしておりますが、それはほんとうのところ、どのようにして立身出世したらよいかわからないからなのです。

この場合、完結系である説話なのに、わざわざ「**鎌倉時代の仏教説話集**」と前書きがある。これは、内容把握・解答には、仏教的な常識や世界観が必要といっているわけだ。実際の設問にも、「**世を出づ**」という仏教的慣用句が、選択肢の選択のキーワードとなっている！

②説話・歌物語では、冒頭で人物・場面の設定がなされる

最初の2、3行を読んで、主人公や場面をしっかりつかもう。物語の枠組が示されていることがわかる。

例題2

冒頭 ←

堀河院の御宇に、洛陽四条西洞院に、左衛門尉大江景宗といふ者あり。その、品高き女に心をかけて、月日を送れども……

（三国伝記）

主人公の可能性大 →

説話 →

人物・場面設定

高貴な女性を好きになっても結ばれない？ →

完結系である説話の構造は、**物語**と**教訓**からなっている。

物語はさらに、**①人物・場面設定**、**②発端**、**③展開**、**④結末**に分かれる。説話は冒頭で文章全体の枠組みを示してわかりやすくするために、**人物・場面設定**がなされることが多い。

人物・場面設定から外れた展開はありえないんですね

３ 説話の末尾付近に関する設問は、説話の教訓・主題に関するものの可能性が高い

例題３

堀河院の御宇に、（略）左衛門尉大江景宗といふ者あり。その、品高き女に心をかけて、月日を送れども……この男、下向して、やがてこの（鶏がもたらした）歌をつかはしければ、女もいなびがたくてうちとけにけり。

結末…結ばれた→

一期夫婦の契りにて侍りけり。

末尾……教訓・主題→

（三国伝記）

問 **傍線部「一期夫婦の契りにて侍りけり。」とあるが、男が女を妻に迎えることができた理由として最も適当なものを、次の①～⑤のうちから一つ選べ。**

正解→①　女に寄せる男の愛情の深さに感じた長谷寺《はせでら》の観音の加護があったから。

教訓に関わる問とその答え（観音霊験譚《かんのんれいげんたん》）

② 男の詠んだ和歌にこめられた愛情の深さが、女の心を打ったから
③ 困難な制約を課したにもかかわらず男の詠んだ和歌の巧みさに、女が感動したから。
④ 身分が低いながらも難局に巧みに対処するだけの才知と能力を、この男が備えていたから。
⑤ 男が身分不相応な教養と歌才の持ち主であることに、女が気付いたから。

説話は物語と教訓からできていたね。**教訓は、物語の後に加えられることが多い。**だから末尾付近に関する設問は、まず教訓がらみと予想してよい。

ここで取りあげた文章は、長谷寺にお参りした男が、現世利益をもたらす長谷観音の霊験によって、女と結ばれたという話。

「お寺でしっかりお祈りすれば、観音の救いがある」というオーソドックスな教訓のお話で、カッコイイ言い方をすると、「観音霊験譚」といわれるもの。

ちなみに教訓の直前の「この男……女もいなびがたくてうちとけにけり」は、「結末」部分になる。

4 随筆では、主題・主旨選択問題・内容合致（不合致）問題が出題されやすい

それは、作者の言いたい事がはっきりしているため。
選択肢に内容把握のヒントがある。→p130（合格のための＋α解説）参照

随筆って、作者が
言いたいことが、
はっきりしている
出典タイプだね

例題4

世には、心得ぬ事の多きなり。ともある毎《ごと》には、まづ、酒を勧めて、強ひ飲ませたるを興とする事、いかなる故とも心得ず。……｝**酒の害**

さは、言えど、上戸は、をかしく、罪許さるる者なり。……
……をかしく、つきづきし。｝**酒の徳**

（徒然草）

問 次の①～⑤は、本文について説明したものである。最も適当なものを一つ選べ。

① 費やしている文章の量は前二段に多く、「あさまし」「心憂し」などにもうかがえるように、酒の害を説くところに全体の主題があらわれている。×

害だけではない。←

②　第二段落末の形容詞「かはゆし」は、酒の徳を説く第三段落の内容とも通じ合い、前半と後半とをつなぐものになっている。

③　第三段落冒頭に「……なれど、……もあるべし。」とかあるように、酒の害と酒の徳とを合わせて説く筆者のかたくなでない姿勢がうかがえる。

正解

④　前半では「あさまし」「心憂し」などと酒の害を説いているが、「いとよし」「またうれし」などと酒の徳を説く後半に筆者の主張がある。

害徳両方を説いている

⑤　「かくうとましと思ふものなれど」と始まる第三段落に対して、第四段落では「さは言えど」と再び逆接的に書き起こされ、酒の害を説く第一・第二段落の主張にもどっている。

酒の徳を説いている

随筆は、完結系の文章なので、作者の主張が最後まではっきり示された形になる。内容合致問題では、当然、作者の主張することが述べられた選択肢が作られ、それが内容に合致する形となるはず。

非完結系の文章（歴史物語・つくり物語・日記・紀行）の攻略法

非完結系の文章は、文章全体の一部が出題されるため、内容を補足する前書きが必要。

つまり、**「前書き」や「（注）」「系図」も大ヒントになる！**

設問のどれかに絡むと予想して、前書きをしっかり読もう！

例題5

歴史物語 ←

次の文章は『栄華物語』の一節である。あまりに華美であった皇太后藤原妍子《けんし》の年始の大饗（正月に行われる宴会）を、兄の藤原頼通がとがめる場面から始まっている。これを読んで、後の問いに答えよ。

（参考系図）

道長（御堂）
- 彰子《しょうし》（大宮）
- 頼通（関白殿、大臣）
- 妍子（御前、宮）
- 威子《いし》（中宮）

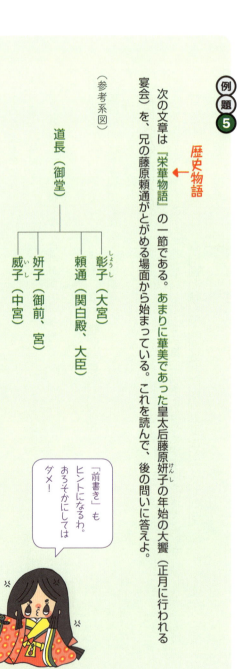

「前書き」もヒントになるわ。おろそかにしてはダメ！

問☆ 本文の内容と合致するものを、次の①〜⑥のうちから二つ選べ。

① 頼通は質素にするようにという道長の……。
② 彰子と威子は、妍子と異なり華美なふるまいをさけ……。
③ 頼通は妍子にあらかじめ華美な服装をさけるよう注意したが……。
④ 道長は子供の幸運を……。
⑤ 万事が華美になっていた当時、……。
⑥ 大饗の翌日、……女房の服装も含めて事細かに報告した。

例題5は、「前書き」と「参考系図」から、「華美な服装」と「道長の子供」に関する設問であることがわかるはず。

例題6

つくり物語

次の文章は『松浦宮《まつらのみや》物語』の一節である。大将と明日香の皇女との子である弁の少将（弁の君）は神奈備《かむなび》の皇女に思いを寄せていた。二人は歌の贈答などをすることもあったが、神奈備の皇女は帝のもとへ入内することになってしまった。以下の文章は、それに続くものである。これを読んで後の問いに答えよ。

問　**「いづれも心にかなふわざにしあらねば」の解釈として最も適当なものを、次の①〜⑥のうちから一つ選べ。**

① 神奈備の皇女の入内をとどめることも、遣唐使を辞退することも……。
② 神奈備の皇女の入内をとどめることも、遣唐使そのものの派遣をやめさせることも……。
③ 神奈備の皇女を入内させることも、遣唐使の派遣の時期を遅らせることも……。
④ 弁の君を遣唐使として送り出すことも、神奈備の皇女を入内させることも……。
⑤ 弁の君を遣唐使として送り出すことも、神奈備の皇女を引きとどめることも……。
⑥ 弁の君を遣唐使として送り出すことも、それを辞退させて引きとどめることも……。

例題6は、「前書き」にあった「神奈備の皇女の入内」に関することが設問で問われている。

コラム 目で見る古文①

平安時代の貴族の住居

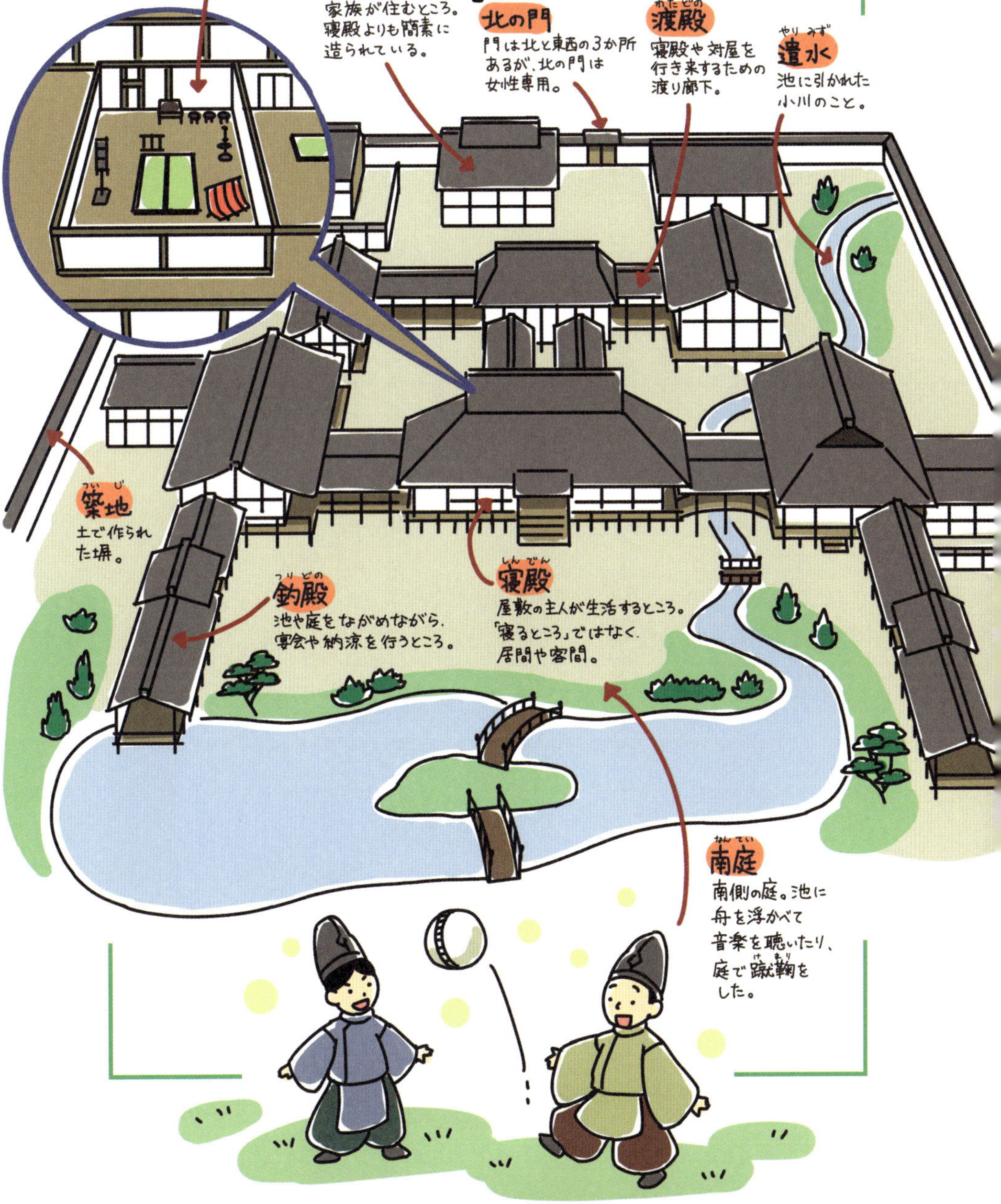

攻略法 2

短い語句の問題

重要古語 ＋ 三つの関係を武器に！

旧 センター試験では、例年、**五～十文字程度の解釈問題**が出題されていた。これは、全体の3割程度の配点にあたる。現古異義語や慣用句のように、見た瞬間に答えが予想できる一発必答問題も一題出されることが多い。

古文のツボ!

1 重要古語は、まず基本的な語のイメージを覚えよう！

知っていれば、一発必答になる可能性が高い

- a 現古異義語
- b 古文特有語
- c 慣用句

→ **古文重要語**（別冊）を覚えよう！

単語を知っていれば、すぐに答えがでる問題もあるよ！

2 語句と、三つの前後の関係を武器に！

単語の意味を知らなくても、前後関係の把握は、武器になる！

a 同内容の言い換え
b 原因と結果
c 逆接

例題7　重要古語／現古異義語　三つの関係／原因と結果・同内容の言い換え

ある時、中将、昼寝せさせ給ひける御夢に、いづちともなく荻薄《おぎすすき》生ひ茂りたる野原の、まことに心すごき所に、うす絹のすそ、露にうちしほれたる女房ただひとり立ち給へり。いたはしと思ひて立ち寄り見給へば、わが母にておはせり。

（日光山縁起）

問 傍線部分の解釈として最も適当なものを、次の①～⑤のうちから一つ選べ。

①　ぞっとするくらい美しい所に
②　我慢ができないほど寒い所に
③　影もわからないほど暗い所に
④　人けがなくものさびしい所に
⑤　考えられないくらい広い所に

「すごし」は「**1—a 現古異義語**」。「荒涼として物寂しい（寒々しい）」が基本的な語のイメージ。④が正解。一発必答できる。②は似ているが、本当に寒いのではない。つけ加えるなら、傍線部を含む文が「**2—b 原因と結果**」の原因で、直後の文の「いたはし（気の毒だ）」という結果の関係になっているので①・③・⑤は×。

傍線部は、「——野原の」（同格の「の」）があり、「**2—a 同内容の言い換え**」の「荻薄《おぎすすき》生ひ茂りたる野原」と考えられる。すすきが生えている野原のイメージは？　そう、寂しい感じだね。

解答　——④

解釈

ある時、中将が、昼寝をなさっていた（ときに見た）夢に、どこともわからない荻や薄が生い茂っている野原で、本当に人けがなくものさびしい所に、薄い絹の着物の裾が、露に濡れて萎れたようになっている女房がただひとりでお立ちになっていた。気の毒だと思って立ち寄りご覧になると、自分の母でいらっしゃった。

三つの関係／原因と結果　重要古語／古文特有語

例題8

女「……かうあさましき住まひし侍れば、立ち寄り訪ふべき人もなきに、あやしく、おぼえずなむ」と聞こゆ。

（宇津保《うつほ》物語）

問 **傍線部分の解釈として最も適当なものを、次の①～⑤のうちから一つ選べ。**

① 窮屈な住まいをお作りになったので
② がらんとした住まいをお作りしたので
③ ひっそりした住まいをお作りになったので
④ 気味が悪い住まいをお作りしたので
⑤ 見苦しい住み方をしていますので

「あさまし」の意味、ちゃんと覚えているわよね!?

傍線部に「2－b原因と結果」の**原因理由**を表す「已然形＋ば」が使われている。結果として「立ち寄り訪ふべき人もなき」となっている。①のように「窮屈な」「住まひ」と言う原因で、結果として訪ねるはずの人もいないというのはとっても変。②も同様に×。③は原因と結果が逆だから×。「立ち寄り訪ふべき人もな」いから「ひっそりとした住まひ」になるのならわかるけどね。「あさまし」は「1－b古文特有語」にあたり、**「驚きあきれるほど（すばらしい・ひどい）」**が基本的な語のイメージ。「住まひ」（住み方＝生活）のすばらしさ・ひどさを述べている。これに該当するのは、マイナスに評している⑤だ。

★「し侍れば」の「侍り」は、丁寧語（補助動詞）。尊敬語で訳している①や③や「お～する」という謙譲語で訳している②④は×。

解答　――⑤

解釈　女は「……このように見苦しい住み方（＝生活）をしていますので、立ち寄り訪ねるはずの人もないのに、不思議で、意外で」と申し上げる。

「あさまし」の意味、
現代語とは、
違うんだ!!
私もうろ覚え
だった!!

例題9

次の文章は『栄華物語』の一節である。藤原伊周《これちか》・隆家兄弟は、藤原道長との政争に破れて、伊周は播磨《はりま》に、隆家は但馬《たじま》に配流されている。

北の方の御心地いやまさりに重りにければ、ことごとなし。「帥殿《そちどの》今一度見奉りて死なむ死なむ」といふことを、寝てもさめてものたまへば、宮の御前もいみじう心苦しきことにおぼしめし、この御はらからの主たちも、「いかなるべきことにか」と思ひまはせど、なほ、いと恐ろし。

（注）○北の方……伊周・隆家の母。○帥殿……伊周のこと。
○宮の御前……伊周の妹、中宮定子。○御はらからの主たち……北の方の兄弟。

問　傍線部分の解釈として最も適当なものを、次の①～⑤のうちから一つ選べ。

① 不満が残ることだと存じ上げ
② 体裁が悪いことと自然と思われ
③ つらいことだと自然と思われ
④ わずらわしいこととお思いになり
⑤ お気の毒なことにとお思いになり

「心苦し」は「1―a現古異義語」にあたり、「**気の毒だ**」という意味（現代語では、「相手に負担をかけてすまない」という意味）。答えは⑤。でもこの意味を知らなかったら？　大丈夫！　実は関係性から解けるんだ！　傍線部の主語「宮の御前（定子）」には、類似内容を暗示する「**も**」がついている。「御はらから…**も**」は「2―a同内容の言い換え」である。

宮の御前 **も** ………心苦しきことにおぼしめし、

同内容の言い換え　（＋《プラス》イメージ）＝　**ど**　（逆接）……いと恐ろし（－《マイナス》イメージ）

御はらから… **も**、「いかなるべきことにか」と思ひまはせ

傍線部と同内容の思いは、「『いかなるべきことにか』と思ひまはせ」の部分。でもこれ、なんだかよくわからないよね。そこで直後との関係に注目。「2―c逆接」の「ど」があるね。「いと恐ろし」というマイナスイメージと逆接の構造になっている。つまり、「『い

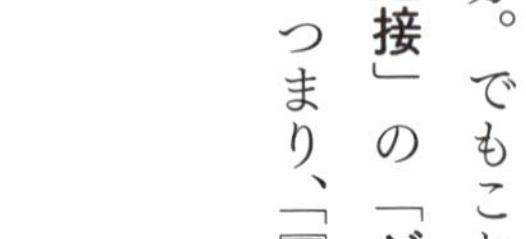

かなるべきことにか』と思ひまはせ」はプラスイメージ。傍線部もプラスイメージ。
マイナスイメージになっている①・②・④は×。残った③と⑤を比べる。③は、「おぼしめす」という「思ふ」の尊敬語を「自然と〜れる」という自発の訳し方をしているので×。

解答 ——⑤

解釈 奥方（＝伊周・隆家の母）の御病気はひどく重くなったので、ほかのことは（おっしゃらない。（ただ）「帥殿（＝伊周）にもう一度お会いして死にたい、死にたい」ということを、寝ても覚めてもおっしゃるので、中宮様も非常にお気の毒なこととお思いになり、奥方の御兄弟の方々も「（北の方の望みをかなえて伊周を入京させたならば）どうなるはずのことだろうか」と思い巡らすけれど、（対面させることは）やはり恐ろしい。

攻略法 **3**

傍線部解釈問題

とにかく逐語訳しよう。反語・反実仮想はテクニックをマスター！

カッコイイ訳、意訳をしようとすると危険！ まずどこまでが一語か判断し、それをつなげた逐語訳をつくろう。反語・二重否定・反実仮想・禁止はテクニックを理解しよう。

逐語訳のポイントは、重要古語と敬語。

まずは、
逐語訳をする
ことが基本だよ

古文の
ツボ！

1　逐語訳に一番近いものを選ぼう

a　重要古語の訳出に注目しよう → 攻略法 2

b　敬語の訳出に注目しよう

→ 尊敬語　「お～になる」「～なさる」「～ていらっしゃる」

→ 謙譲語　「お～申し上げる」「お～する」「～て差し上げる」

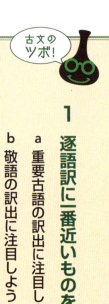

丁寧語　「～です」「～ます」
「～ございます」

c 助動詞・助詞に注目しよう

2 逐語訳の例外も理解しよう

a 反語は結論だけでもよい →「……だろうか、いや……ない」という訳でなくても、
「……でない」という結論が正しければ正解。

例　香やは隠るる（古今集）
反語　香は隠れるだろうか、いや隠れはしない。
＝
○結論　香は隠れるはずはない。

b 二重否定は、強い肯定の方がよく出る

例　思はじ事なう案じつづけて……（平家物語）
○二重否定　思わないような事はなく
＝
強い肯定　考えられそうなことはすべて

c　反実仮想は事実が述べられていても正解

反実仮想　Ａ＋未然形＋ば……Ｂまし
（もしＡならば……Ｂだろうに）

＝

事実　ｎｏｔＡ＋已然形＋ば……ｎｏｔＢ
（Ａでないので……Ｂでない）

d　禁止は逆の命令でも正解

禁止（～するな）＝逆の命令（～でないことをせよ）

例題10

推定の助動詞「めり」

問　(ア)～(ウ)の解釈として最も適当なものを、次の各群の①～⑤のうちから一つずつ選べ。

(ア)　いかさまにしてこのなめげさを見じ

① いかなる手段を用いても私はみじめな目に会うまい
② どうすれば私への失礼な態度を見ずにすむだろう
③ どうしてこの冷淡な振る舞いを見ていられよう
④ だましてでも夫にひどい目を見せずにおくまい
⑤ 何としても夫の無礼なしうちを目にするまい

(イ) らうたげに恋ひ聞こゆめりしを

① いじらしい様子でお慕い申し上げているようだったが
② いじらしげに恋い焦がれているらしいと聞いていたが
③ かわいらしげに慕う人の様子を聞いていたようだが
④ かわいらしいことに恋しいと申し上げていたようだが
⑤ かわいそうなことに恋しくお思い申し上げているようだったが

(ウ) いざ、給へかし

① まあ、あれをご覧なさいよ
② まあ、そこにおすわりなさいよ
③ まあ、あなたの好きになさいよ
④ さあ、こちらへおいでなさいな
⑤ さあ、わたしにお渡しなさいな

重要古語は、
別冊にまとめて
あるので、
確認してね！

まず、(ア)から見ていこう。

とにかく逐語訳。そのポイントを記そう。

「なめげさ」は、「なめし」という重要語が名詞化したもの。「**1-a重要古語**」がポイント。「なめし」は「無礼だ」という意味。①「みじめな目」、③「冷淡な振る舞い」、④「ひどい目」は×。

次に「いかさまにして」の部分。これは、「**1-a重要古語**」「いかで」と同じ意味。「いかで」は「aどうして・どのようにして(＋推量)、b何とかして(＋意志・希望)」。②「どうすれば」、⑤「何としても」の双方とも○。次に助動詞「じ」に注目(「**1-c助動詞・助詞**」)。「じ」は、「a打消推量　b打消意志」の意味なる。②の「ずにすむだろう」は、「にすむ」が逐語訳にない余分な表現。⑤「まい」は打消推量の訳として正しい。

解答　⑤

次に(イ)。

「らうたげに」は、形容動詞「らうたげなり」。形容詞では「らうたし」で、重要古語。「**1-a重要古語**」。この語句のイメージは、「弱い者を労《いたわ》り世話したい気持ち」で、意味は「か

☆「めり」は助動詞で「**1-c助動詞・助詞**」。意味は「a

わいい・愛しい」。⑤「かわいそうなこと」は×。「いじらしい」は語感・イメージに合うので残す。「聞こゆ」は「1－b敬語」。本動詞では「a思われる　b申し上げる　c噂される　d聞こえる」の意味。補助動詞では、謙譲語「お〜申し上げる、お〜する、〜て差し上げる」の意味。ここでは、動詞「恋ひ」の下にあるので補助動詞（謙譲語）。②③「聞いていた」、④「申し上げていた」は、本動詞として訳しているので×。

解答　①

最後に(ウ)。「いざ、給へ」これは、もう慣用的な表現。

攻略法②「1－c慣用句」「さあ　いらっしゃい」という意味。

解答　④

目で見る推定〜ようだ・ように思われる　b婉曲〜ようだ」。→○①「ようだったが」

例題11

次の文章は『宇津保物語』「俊蔭《としかげ》」の一節である。小若君は、ある邸《やしき》の中の女に気づく。夕方、その女に逢うために邸を訪ねた小若君は、出会ったのは必然だと女の家に泊まることになる。翌朝、小若君は、また訪ねられなくなってもずっとあなたのことを思っていると女にことばをかける。しかし女は、身寄りのない不遇を嘆いて琴を奏でながら涙にくれるという内容である。

（小若君は）女に、「今は、(ア)なおぼしへだてそ。さるべきにてこそ、かく見奉り初めぬらめ。（中略）さはあれ、誰と聞こえし人の子ぞ。(イ)もし、心ならでまゐり来ずとも、つと思ひ取りてなむあるべき」とのたまへば、「誰とも知られざりし人なれば、聞こゆとも、誰とは知り給はむや」とて、かたはらなる琴かき鳴らして、うち泣きたるけはひも、いみじうあはれなり。

問　**傍線部分の解釈として最も適当なものを、次の①～⑤のうちから、それぞれ一つずつ選べ。**

(ア)
① いいかげんだと思わないでください
② あまり思い詰めないでください
③ もっと寄りそってください
④ そんなに動揺しないでください
⑤ うちとけて接してください

難しい問題だけど、あきらめたら、絶対にダメだよ！

(イ)
① もし、気持ちが合わなくなって恋人の訪問がとだえても
② もし、私の気持ちとうらはらに何かの事情でお伺いできなくても
③ もし、あなたの期待に反してだれもここに参上しなくても
④ もし、不本意ながら私が宮中に参上できなくなっても
⑤ もし、気が進まなくてあなたが私の家においでくださらなくても

これは、かなり難しい問題。解説を読まずに解けた人は、5メートルジャンプしてガッツポーズしてもいいくらい。

(ア)の「な〜そ」は禁止。ということは、③・⑤は×？「おぼしへだてそ」なんて聞いたことがないよね。でも「おぼし……」なので、「尊敬語」らしいことはわかるかもしれないね。これは複合動詞「思ひ隔つ」の尊敬語。傍線部は「思いを隔てないで下さい」ということ。選択肢①・②・④を吟味しても、これに対応しない。でも、論理的に分析すれば大丈夫！「**2−d禁止＝逆の命令**」なら、③・⑤も正解の可能性がある。「心を隔てないでください」＝「近い心の距離でいて下さい」ということだ。③は、身体のことをいってるから×。つまり、⑤が正解！

(イ)の「まゐる」は謙譲語。①は、敬語が使われていないから×。⑤は、「下さる」と

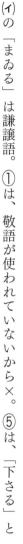

いう尊敬語の訳だから×。この部分は、小若君の会話の中でのもの。ここでは、自らの動作に謙譲語をつけたと考えられるね。すると、③の「だれも」は×。④の「宮中」のことは本文中にない。また、「まゐり来」であって、宮中に「行く」意味の「参る」ではないから×。よって②が正解。

解答　(ア)―⑤　(イ)―②

解釈　（小若君は）女に「もう、うちとけて接してください。そうなるはずの運命であって、このようにまさにお目にかかりはじめているのだろう。（中略）とにかく、（あなたは）誰と申し上げた人の子だ。もし私の気持ちとはうらはらに何かの事情でお伺いできなくても、ずっと（あなたのことを）強く思っていよう」とおっしゃったところ、（女は）「（親は）誰とも（世間の人に）知られていなかった人であるので、申し上げるとしても、（あなたは）誰とはお分かりになるだろうか、いやお分かりにならないだろう」といって、そばにある琴をかき鳴らして、ちょっと泣いている様子も、ひどくしみじみと心うたれる様子である。

傍線部解釈問題は、逐語訳に徹することが最も確実！

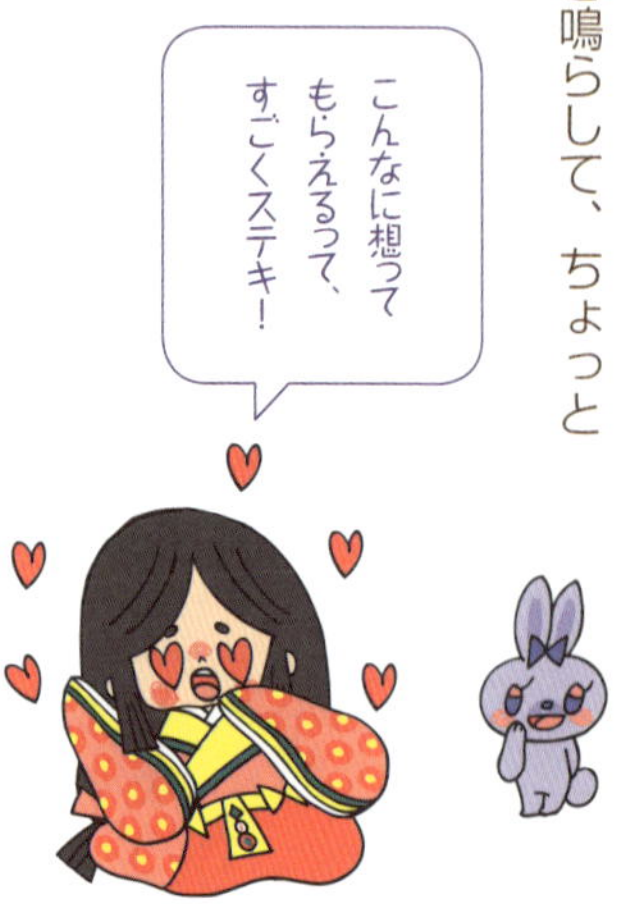
こんなに想って
もらえるって、
すごくステキ！

歌の解釈と反実仮想

例題12

かくまでの情け尽くさで大方に花と月とをただ見ましだに

（建礼門院《けんれいもんいん》右京大夫《うきょうのだいぶ》集）

問　これは右京大夫の歌であるが、その意味として最も適当なものを、次の①〜⑤のうちから一つ選べ。

① これほどの趣向をこらさないで、普通に花と月とを見ただけでも十分楽しかったでしょうに、かえっていささか興をそいでしまいました。

② これほどまでに私たちと打ち解けてくださることなく、ただ花と月とをながめていらっしゃっただけならば、どんなに物足りなかったでしょう。

③ これほどの風流を尽くさないで、普通に花と月とを見ただけでも趣深かったでしょうに、まして今夜の興趣は格別のものでした。

④ それほど心をつくしたおもてなしもできずに、ただ花と月とをお見せしただけですので、さぞかし御不満のことと申し訳なく思います。

⑤ まだそれほどの歓を尽くさないうちに、花と月とを見ただけでお帰りにならなければならないとは、お気の毒に思われます。

まず、設問に書いてある通り、これは和歌だね。歌の解釈問題なので、歌のリズムに分け、次に単語に分けるとよい。選択のポイントとなる部分をあげると、次のようになる。

情け尽くさで……見ましだに

「情け」は多義語で、「風情」「風情を解する心」という意味になることが多い。今回も下に「花と月とを」とあることから、①や③が正解の可能性が高い。

でも、本当に正しいかどうかの検証が必要だ。「情け尽くさで」の部分を、「情け」の訳を留保して逐語訳しよう。「で」は打消の接続助詞で、「ないで」と訳すから、「『情け』を尽くさないで」という訳になる。②は「……くださる」と尊敬語が入り込んでいるし、④は「おもてなしもできずに」と「おもてなし」という語があり、打消も不可能になっている。1にあるように**逐語訳**に徹するということを考えると、②と④は違うかもしれない。

次に「見ましだに」の部分に注目すると、「まし」は反実仮想の助動詞。逐語訳するならば、「もし～ならば……だろうに」。⑤はスムーズな訳のように思われるけれど、まったく反実仮想の形になっていないので×。

④も同様に反実仮想の形になっていない。ただし、「2-c」にあるように、「反実仮想」と同内容を表す「事実」を述べた選択肢なら、正解の可能性はある。どちらだろ

う？　ポイントとなる部分の「事実」を見てみると、

「情け」を尽くして……見た
または
情けを尽くさないで……見なかった

となり、④の選択肢とは、まったく対応しないので、不正解。

反実仮想表現の解釈は、逐語訳でなくても事実として正しければ正解である！

ところで、**「だに」**は後で述べるように**「類推」**（軽いものをあげ、重いものを推量すること）の意味**「～でさえ…だ、まして○○ならなおさら…だ」**という意味になる。
このことを踏まえて、ポイントとなる部分の逐語訳をしてみると、次のようになる。

「情け」を尽くさないで…見たとしたらその場合でさえ〜だろうに、まして
このように「情け」を尽くしたならなおさら〜だ

この形式になっているのは、③のみ。

やはり、逐語訳が正解になる。「情け」の意味も、「風流」が正解。

解答　――③

次ページに、構造をとらえる意味でも大切な、「『だに』の意味」をまとめて示すので「まし」と一緒に理解して覚えてしまおう！

和歌って、
短い文章なのに、
すごく深い意味が
ある！

「だに」の意味 …… 「だに」は訳すことができるだけでなく、構造の理解も大切！

1 最小限（せめて…だけでも）

……だに＋（仮定表現／意志願望表現／命令表現）

（例）散りぬとも香をだに残せ（命令形）梅の花

訳（散ってしまうとしてもせめて香だけでも残せ。梅の花よ。）

2 類推（…でさえ）→ 軽い内容を挙げて、（言外の）重い内容を推量する。

1の「最小限」以外は「類推」になる。

A だに B

（まして C は D だ）

（例）ほたるばかりの光（A） だに なし（B）

訳（まして もっと明るい光（C） は なおさらない（D））

ちなみに、先の例題をこの類推のパターンに当てはめて示してみると、

A かくまでの情け尽くさで大方に花と月とをただ見まし　だに

B （趣深かったでしょうに　……**省略されている**

まして、C このように風流を尽くして花と月とを観賞したのは

D 格別に趣深いものでした。）　……**言外の重々しい内容**

意味だけではなく、
構造も理解すると
わかりやすいよ！

コラム
目で見る古文②

平安貴族の服装

風通しがよく、暖房もあまり充実していない家屋に住んでいたこともあり、貴族はとにかくたくさんの衣装を重ね着していた。

正装

男性　束帯《そくたい》

女性　女房装束《にょうぼうしょうぞく》

一番下に着るのは「袴《はかま》」(大きなズボンのようなもの)。色は既婚者が「紅《くれない》」、幼い女性は「濃色《こきいろ》」(紫の濃いもの)を身につけた。

「十二単」という呼び方があるが、"12"あるのは「単」(上半身用の下着)ではなく、「袿」。

略装

男性

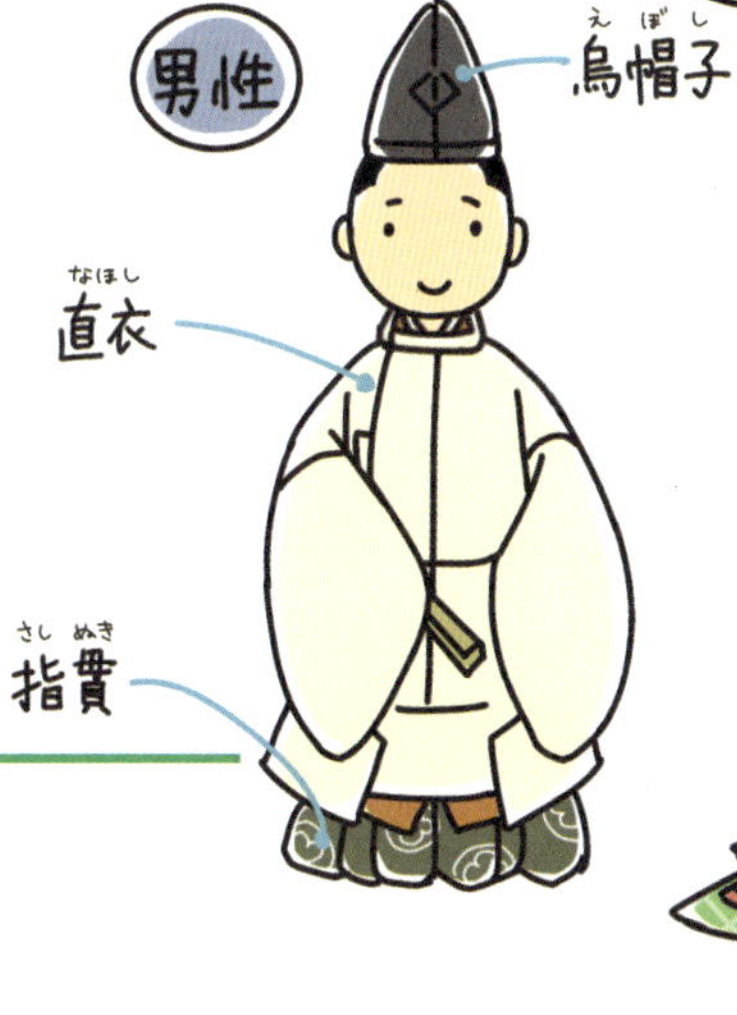

女性

攻略法 4

文法と、それを基にした解釈問題

品詞分解と頻出識別語の完全理解が、最短の攻略法

文法と、それを基にした解釈問題で問われるのは、「に」や「る」などの識別や、品詞分解、文法的説明などだ。一見難しそうに見えるかもしれないけど、問われていることは一般的なこと。文法問題の秘訣《ひけつ》を理解しておけば、時間をかけずに攻略できるはず！

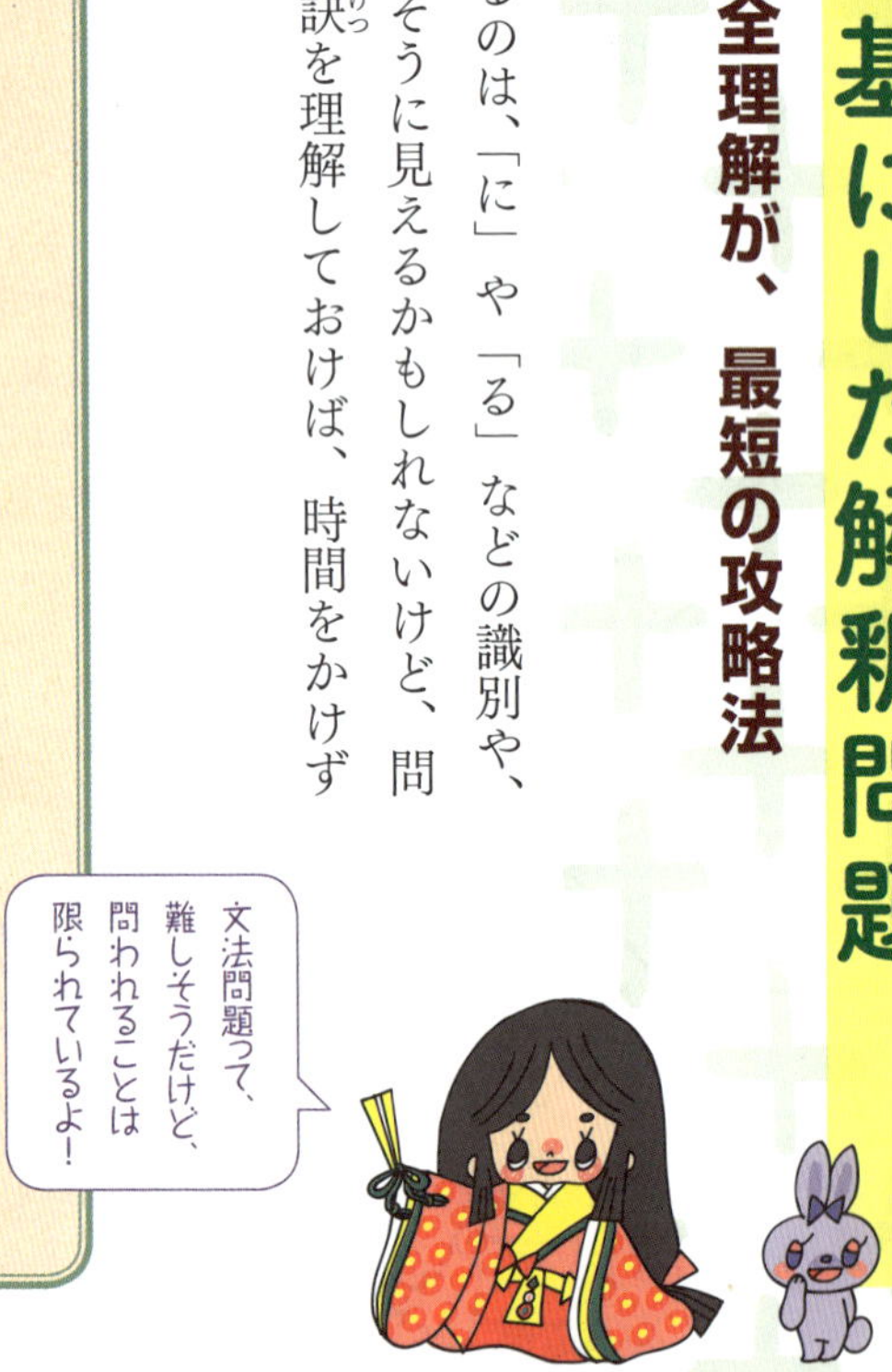
文法問題って、難しそうだけど、問われることは限られているよ！

古文のツボ！

1　文法問題攻略の基本手順はこれだ！

① どこまでが一単語か判断する（判断できない場合は保留して、わかる部分を単語に分ける）。

② 助動詞・助詞は、どの活用形（＝何形）に接続しているか判断する。

③ 活用語（動詞・助動詞・形容詞・形容動詞）は、その単語自身がどの活用形か判断する。

2 本動詞・補助動詞の区別をする。

本動詞……「読む」「あり」のように、一般的な動詞のことで、ものの動作や状態を表す。

(例) 御衣を給ふ。（御着物をお与えになる。）

補助動詞……本動詞にあるような本来の意味を失い、上の文節を補助する働きのみをもつ動詞。

(例) 詠み給ふ。（お詠みになる。）

3 頻出識別語の識別法をマスターする。

①「れ」「る」の識別

接続形式	識別	例文
（四段・ナ変・ラ変）未然形＋れ・る	受身・可能・自発・尊敬の助動詞「る」	ものも言は（未然形）れず。
（四段）已然形＋れ・る	完了の助動詞「り」（サ変動詞は未然形につく）	外に立て（已然形）る人と…。

②「ぬ」「ね」の識別

接続形式	識別	例文
未然形＋ぬ（＋体言）	打消の助動詞「ず」の連体形	日暮れ《未然形》ぬ先《体言》に参らむ。
連用形＋ぬ	完了の助動詞「ぬ」の終止形	日暮れ《連用形》ぬ。
未然形＋ね＋ど・ども・ば	打消の助動詞「ず」の已然形	ここを去ら《未然形》ねども
連用形＋ね	完了の助動詞「ぬ」の命令形	ここを去り《連用形》ね。

③「に」の識別

接続形式	識別	例文
連用形＋に	完了の助動詞「ぬ」の連用形	花咲き《連用形》にけり。

接続形式	識別	例文
体言・連体形（＝体言が補える）＋に	格助詞（体言の補えない連体形に接続するのは接続助詞）	鶯《うぐひす》花（体言）にゐる。
体言・連体形＋に（＋係助詞＋あり系）	断定の助動詞「なり」の連用形	鶯にや（係助詞）あらむ（あり系）。
状態・様子＋に	形容動詞の連用形の活用語尾	鶯あはれに（状態・様子の形容動詞）鳴く。

④「なむ」の識別

接続形式	識別	例文
未然形＋なむ	他者への願望の終助詞「なむ」	花咲か（未然形）なむ。
連用形＋なむ	完了の助動詞「ぬ」の未然形＋推量の助動詞「む」	花咲き（連用形）なむ。
「死・去」＋なむ	ナ変動詞活用語尾＋推量の助動詞「む」	花盛りにいなむ。

前記以外＋なむ（＋結び）	係助詞	花なむ（係助詞）咲きける（結び）。

⑤「なり」の識別

接続形式	識別	例文
体言・連体形（指示副詞（かく・しか・さ）・助詞（「ばなり」が頻出））＋なり	断定の助動詞「なり」	あれば（接続助詞）なり。
終止形・ラ変連体形（撥音便やその無表記が頻出）＋なり	伝聞・推定の助動詞「なり」	出づる人あ（「あり」連体形撥音便無表記）なり。
状態・様子＋なり	形容動詞の活用語尾	夕日の影も静かなり（状態・様子の形容動詞）。
右記以外＋なり	動詞「なる」の連用形	行かずなりにけり。

⑥「らむ」の識別

接続形式	識別	例文
終止形＋らむ	現在推量の助動詞「らむ」	花の咲く《終止形》らむ。
已然形＋らむ	完了の助動詞「り」の未然形＋推量の助動詞「む」	花の咲け《已然形》らむ時に…。

例題13　文法的説明／「れ」と「ね」の識別

大将、限りある宮仕へをえゆるされたまはねど

（松浦宮物語）

問 傍線部の「れ」と「ね」の文法的説明として正しいものを、次の①～⑥のうちから一つ選べ。

① 「れ」は尊敬の助動詞・「ね」は打消の助動詞

② 「れ」は受身の助動詞・「ね」は打消の助動詞

③「れ」は完了の助動詞・「ね」は打消の助動詞
④「れ」は可能の助動詞・「ね」は完了の助動詞
⑤「れ」は自発の助動詞・「ね」は完了の助動詞
⑥「れ」は下二段活用の動詞語尾・「ね」は完了の助動詞

頻出識別語の「れ」と「ね」が問題になっている。まず、傍線部を、「１」の基本手順にしたがって単語に分け、識別法で分析してみよう。

え｜ゆるさ｜**れ**｜たまは｜**ね**｜ど

まず「ね」を見てみよう。**「ね」は未然形に接続し、下に「ど」が連結している。**これは打消の助動詞「ず」の已然形とわかる。すると選択肢の④・⑤・⑥は×。

次に、残りの①・②・③の「れ」を見る。尊敬・受身の助動詞か、完了の助動詞かと

いうこと、つまり未然形接続か、已然形接続かということが問題になる。**「ゆるさ」は未然形**なので、①か②が正解ということになる。

すると、「れ」が尊敬か受身かということを判断しなければいけない。問題文全体の内容を見ると、「受身」と判断することができるが、ここでは省略されている。でも、実は、この傍線部を見ただけでも答えが出る。それは下に接続する「たまふ」との関係からだ。「れ」の直後に「たまふ」があると、「れ」は尊敬にならないんだ。ゆえに①は不正解となる。

尊敬の補助動詞「給ふ」を下接する
（「る・らる」の連用形「れ・られ」は尊敬にならない。
（「す・さす」の連用形「せ・させ」は通常尊敬になる**→p91参照**

解答 ——②

文法的説明／「なむ」の識別

例題14

惜しまるる涙にかげはとまらなむ心も知らず秋は行くとも

（和泉式部《いずみしきぶ》日記）

問　右の和歌の解釈として最も適当なものを、次の①〜⑤のうちから一つ選べ。

①　まさに私の姿はとどまることになるのです。
②　あなたの面影だけでもとどまってほしい。
③　私の姿は消え去ってしまうのでしょう。
④　あなたの面影は消え去らないでしょう。
⑤　私は姿を消し去ってしまいたいのです。

で示したように、まずは接続に注目しよう。「なむ」の上の「とまら」は動詞「とまる」の未然形。**未然形に接続する「なむ」は、他者への願望を表す終助詞のみ。**②が正解とわかる。が、終助詞は、文の終わりにつくものなのに、この「なむ」は文中にあるようにも見えるから、少し不安。

でも、結句に注目すると、「秋は行くとも」と文が一般的でない終わり方をしている。

つまり倒置法になっていて、この歌は三句切れということがわかり、やはり「なむ」は文末にある終助詞でよい。

惜しまるる涙にかげはとまら（動詞「とまる」未然形）**なむ**（三句切れ）（倒置法）／心も知らず秋は行くとも

解答 ――②

上の和歌の意味は、「別れを惜しんで流れる私の涙に、せめてあなたの面影だけでもとどまってほしい。私の心も知らず、秋が過ぎてゆくように、私に飽きたあなたが去って行くとしても」。ステキ！

例題15

品詞と活用形／「なり」の識別

さきの世に契りおきてこそ、仇《あだ》・敵なる子もあんなれ……。

（成尋《じょうじん》阿《あ》闍梨《じゃり》母集《のははのしゅう》）

問 右の傍線部「あんなれ」の「なれ」の文法的説明として正しいものを、次の①～⑤のうちから一つ選べ。

① ナ行四段動詞の已然形
② 形容動詞の命令形の活用語尾

③　断定の助動詞の已然形
④　断定の助動詞の命令形
⑤　伝聞推定の助動詞の已然形

選択肢を見てみると、品詞と、その活用形が問われている。選択肢には、「命令形」か「已然形」の二つの活用しかない。文を見てみると、「なれ」は上に係助詞の「こそ」があり、傍線部はその結び。だから「已然形」。よって②と④は不正解。

次に「なれ」の接続に注目。「あん」は、動詞「あり」の連体形「ある」が撥音便《はつおんびん》化したもの。連体形に接続しているから、断定の助動詞「なり」だろうか？　「あり」はラ変動詞であり、**通常終止形に接続する伝聞推定の「なり」も、ラ変型には連体形に接続する。**正解はどちら？　3―⑤にあるように撥音便に注目しよう。**撥音便に接続するのは、伝聞推定。**よって⑤が正解。

解答　――⑤

「あん」の元の形が何かわかる？
ヒントは、撥音便

例題16

「わがははの袖もちなでて、わがからに泣きし心をわすらえぬかも」と誦《ず》して、いよいよ親坐《ま》す国の恋しう、いかなる宿世《すくせ》にや、かく人の親の心の闇におもひたまへらむと、涙をとどめて……

（来目路《くめじ》の橋）

問　傍線部の解釈として最も適当なものを、次の①～⑤のうちから一つ選べ。

① 今頃私への慈悲の気持ちをお与えになっているのだろう。
② 私を思って下さっているのだろう。
③ 私は母への思いを手紙で差し上げるだろう。
④ 今頃慈悲深くお思いになっているのだろう。
⑤ 母を慈悲深くお思い申し上げてしまうだろう。

この問題も、傍線部を単語に分けることから始めるが、実際はこの**分けることとそのものが正確にできるかを問われている。**

ひとつ一つ確認していこう。まず「たまへ」が本動詞か補助動詞かということ。

2にあるように、「おもひ」という動詞を「お思いになる」というように補助している。名詞で訳している①と③は×。

では、四段活用？　下二段活用？「たまへ」という形から、これらは、四段なら已然形、下二段なら未然形になる。これを確認するためには、下の「らむ」または「ら」の接続のしかたを識別すればよいことになる。

推量の助動詞「らむ」は終止形接続。「たまへ」が四段でも、下二段でも、終止形ではないので、「らむ」を推量の助動詞としている④は×。傍線部のこの部分は、「ら」＋「む」に決まる。

「む」は推量の助動詞で、未然形に接続する。未然形が「ら」になる助動詞は、完了の助動詞「り」だけ。これは、四段動詞已然形か、サ変動詞未然形に接続する。残っている選択肢と、この判断材料により、「たまへ」を尊敬語とする②が正解とわかる。

已然形に接続する「らむ」は、完了の助動詞「り」の未然形＋推量の助動詞「む」

解答　――　②

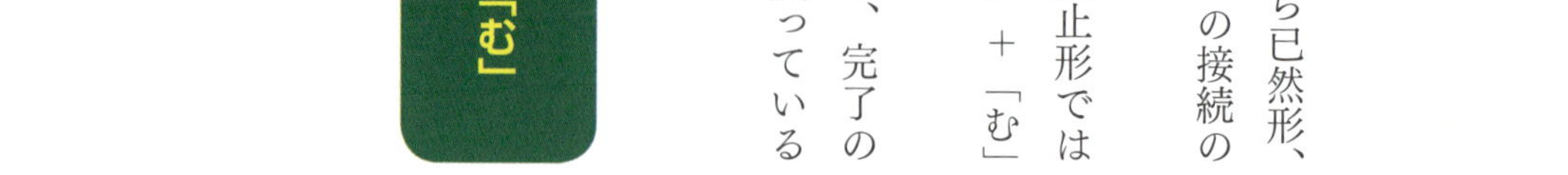

解釈

「私の母が袖を持って撫《な》でながら、私のために泣いた心を忘れることができないなあ」という和歌を口ずさんで、ますます親のいらっしゃる国が恋しく、どんな因縁であるのだろうか、このようにわが子を思う真心で（血縁のない）私を思ってくださっているのだろうと、涙が落ちるのをとどめて……。

問題文の意味が
わかったら、
涙が止まらなく
なったよ

合格のための+α解説

補助動詞の「給ふ」には、四段活用で尊敬を表すもの以外に、下二段活用の「給ふ」がある。この下二段活用の「給ふ」は、

a　**会話・手紙文にのみ用いられる。**

b　**会話・手紙文の主体の動作にのみつく。**

c　**動詞「思ふ」「見る」「聞く」「知る」にのみつく。**

などの特徴がある。

下二段の「給ふ」は、
右の3つのポイントを
おさえて！

コラム
目で見る古文③

宮中の世界

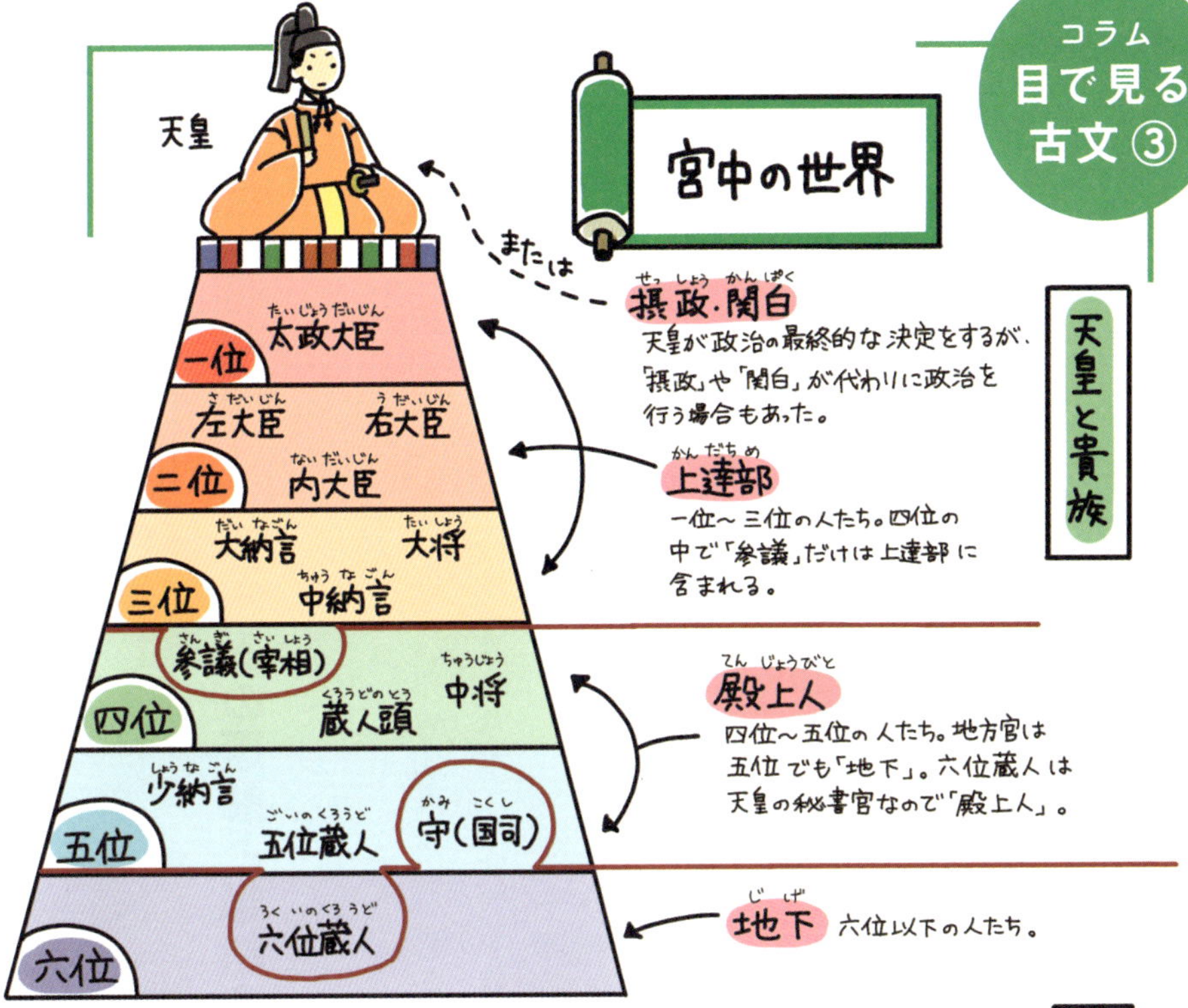

攻略法 5 敬語関連

敬語問題は、仕組みの理解と単語の暗記が決め手！

敬語は苦手だなあと思う人は多いかも知れない。しかし、ここでも問われるのは基本的なこと。特に主体・客体、誰から誰への敬意を表しているか、何と訳すかに注意すれば、難しくはない。

1 敬語の仕組みを理解する。

① 主体（主語）と客体（目的語にあたる人物・受け手）を見つける。

② 誰から誰への敬意か判断する。

誰から → 地の文＝**語り手**（作者）から
　　　　 会話文＝**話し手**から

誰への → a 尊敬語＝**動作の主体**への敬意

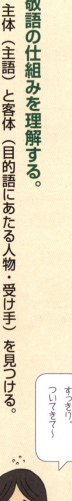

b 謙譲語＝**動作の客体**への敬意

c 丁寧語＝**聞き手**または**読み手**への敬意（会話文や手紙文に用いられることが多い）

2 頻出敬語「侍り」「候ふ」「奉る」「聞こゆ」の意味をマスターする。

→ **古文重要語**（別冊）

例題17 敬意の判別

北の方は（帥殿《そちどの》を）せちに泣き恋ひ奉り[a]給ふ。見聞き奉る人々もやすからず思ひ聞こえ[b]たり。……（帥殿は）いみじう忍びて夜中におはし[c]たれば……上（＝北の方）はかしこく御車に乗せ奉りて、おましながらかきおろし奉り[d]ける。（北の方は帥殿に）よろづ騒がしう泣く泣く聞こえ給ひ[e]て、

（栄華物語）

問　傍線部a～eの説明として最も適当なものを次の①～⑤のうちから一つ選べ。

① a「奉り」とb「聞こえ」とは北の方への敬意
② a「奉り」とc「おはし」とは帥殿への敬意
③ b「聞こえ」は帥殿、d「奉り」は北の方への敬意
④ c「おはし」とe「給ひ」とは読者への敬意
⑤ d「奉り」は読者、e「給ひ」は北の方への敬意

傍線部aの主体・客体を見てみよう。前述のとおり、主体は「北の方」、客体は「帥殿」。傍線部aの終止形**「奉る」は、補助動詞の場合必ず謙譲語となる**。謙譲語は、1－②にあるように客体への敬意を表すので、aは「帥殿」に対する敬意、aを帥殿への敬意としていない①は×。

次に、bをみると、主体は「見聞き奉る人々」。客体は目的語にあたる人物で、ここでは省略されているが「北の方」。bの終止形「**聞こゆ**」は覚えておくべき重要古語で、**補助動詞の場合は必ず謙譲語となる**。つまり、客体への敬意を表している。bを帥殿へとしている③は×。cの「おはし」（終止形「おはす」）は尊敬語で主体に対する敬意なので④も×。dもaと同様客体への敬意なので⑤も×。

北の方は《主体》（帥殿を《客体》）せちに泣き恋ひ奉り《a 補助動詞（謙譲語）》給ふ。
見聞き奉る人々も《主体》（北の方の様子を《客体》）やすからず思ひ聞こえ《b 補助動詞（謙譲語）》たり。

②が本当に正解か確認してみよう！　傍線部cの主体は「帥殿」。「おはす」は尊敬語なので、1－②にあるように、主体「帥殿」に対する敬意を表し、やはり②が正しい。

傍線部d・eについても説明しておこう。「上は」の部分は、実は主体ではなく客体。主体は省略されているけれど、「供の者」。傍線部dの主体・客体も同じ。「奉り」は先に示したようにaと同様に補助動詞で謙譲語。ゆえに「北の方」への敬意。

傍線部eの部分の主体は「北の方」、客体が「帥殿」。「給ひ」は補助動詞で尊敬語だから、主体、つまり「北の方」への敬意となる。

解答 ―― ②

主体は、言っている人、
客体は、言われた人。
主体は、省略される
ことも多いよ！

文法的説明／「なり」の識別と尊敬表現

例題18

御所（＝天皇）もいまだ御夜にもならせおはしまさず、御手習ひなどありて……

（弁の内侍《ないし》日記）

問 傍線部の解釈として最も適当なものを、次の①～⑤のうちから一つ選べ。

① まだ、夜に慣れていらっしゃらず
② まだ、御自身はお眠りにもならず
③ まだ、家来に徹夜をおさせにならず
④ まだ、家来に夜の仕事をおさせにならず
⑤ まだ、夜におなりになる前に

まず、傍線部を一単語ずつ分けよう。「ならせ」の部分は、「なら」または「ならせ」で区切るかが問題。下接する助動詞、補助動詞で判別する。「せ」は使役か尊敬の助動詞で未然形に接続する。「なら」は「なる」の未然形でよさそうだ。

下に「おはします」という尊敬を表す補助動詞が付いている。下に尊敬語があるとき「せ」

（助動詞「す」）は尊敬になる。尊敬語は主体に対する敬意。ここでは天皇になる。ゆえに正解は②。

◎ 尊敬表現を下接する「す・さす・しむ」は**尊敬**　　せ給ふ　させおはします

◎ 尊敬表現を伴わない「す・さす・しむ」は**使役**　　見せて　目を喜ばしむる楽しみ

★ 尊敬表現を下接するが、使役の対象がはっきりしている場合は、「す・さす・しむ」は**使役**　　（院は）女房に歌詠ませ給ふ

解答 ― ②

文章を分解して、
ゆっくり解けば
簡単だよ！

合格のための＋α解説

現代語の「ます」は、丁寧の補助動詞だが、古文の「ます」は常に尊敬語。「おはします」は、尊敬語「おはす」に尊敬語の「ます」がついてできたもので、強い尊敬を表す。本動詞にも補助動詞にも用いられる。

だから、「おはします」の「ます」を丁寧語だと思って、「いらっしゃいます」と訳してしまうと落とし穴にはまることになる。「います」も、「まします」も、「ます」をもとにした語。意味も「ます」と同様で、「いらっしゃる」。

コラム
目で見る古文④

平安時代の暦と季節、時刻、方位、月の名前

暦と季節

季節	月	月の異称
春	1月	睦月《むつき》
春	2月	如月《きさらぎ》
春	3月	弥生《やよい》
夏	4月	卯月《うづき》
夏	5月	皐月《さつき》
夏	6月	水無月《みなづき》
秋	7月	文月《ふ(み)づき》
秋	8月	葉月《はづき》
秋	9月	長月《ながつき》
冬	10月	神無月《かんなづき》
冬	11月	霜月《しもつき》
冬	12月	師走《しわす》

時刻と方位

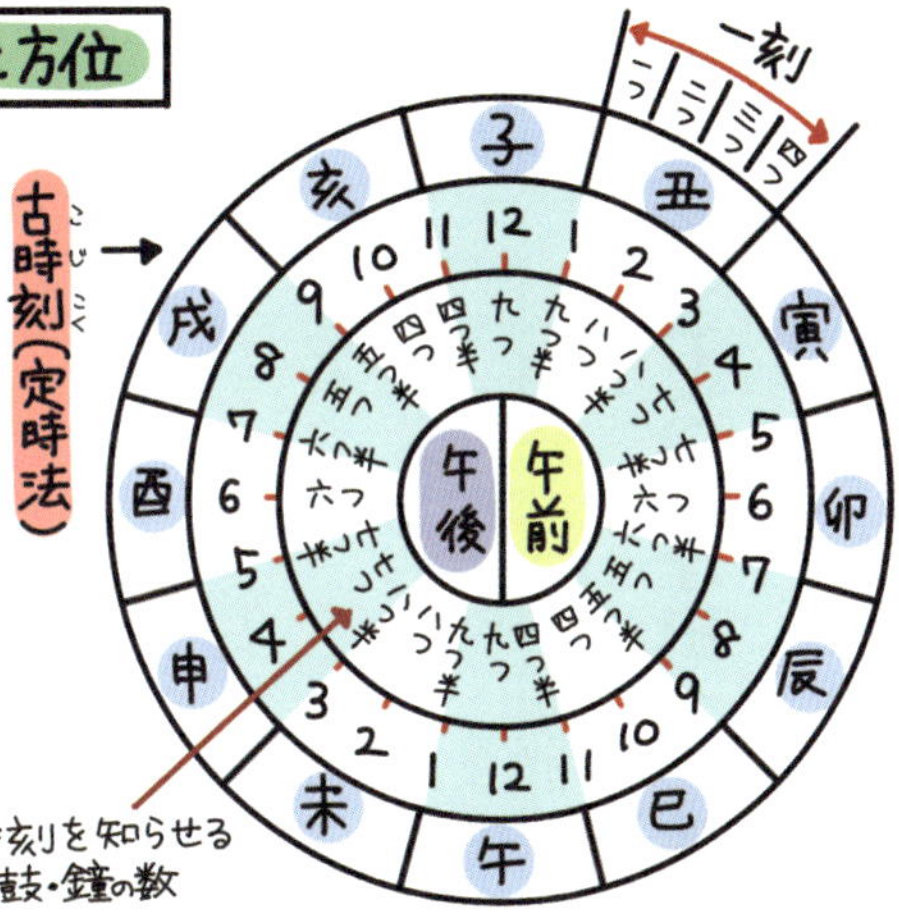

月の名前

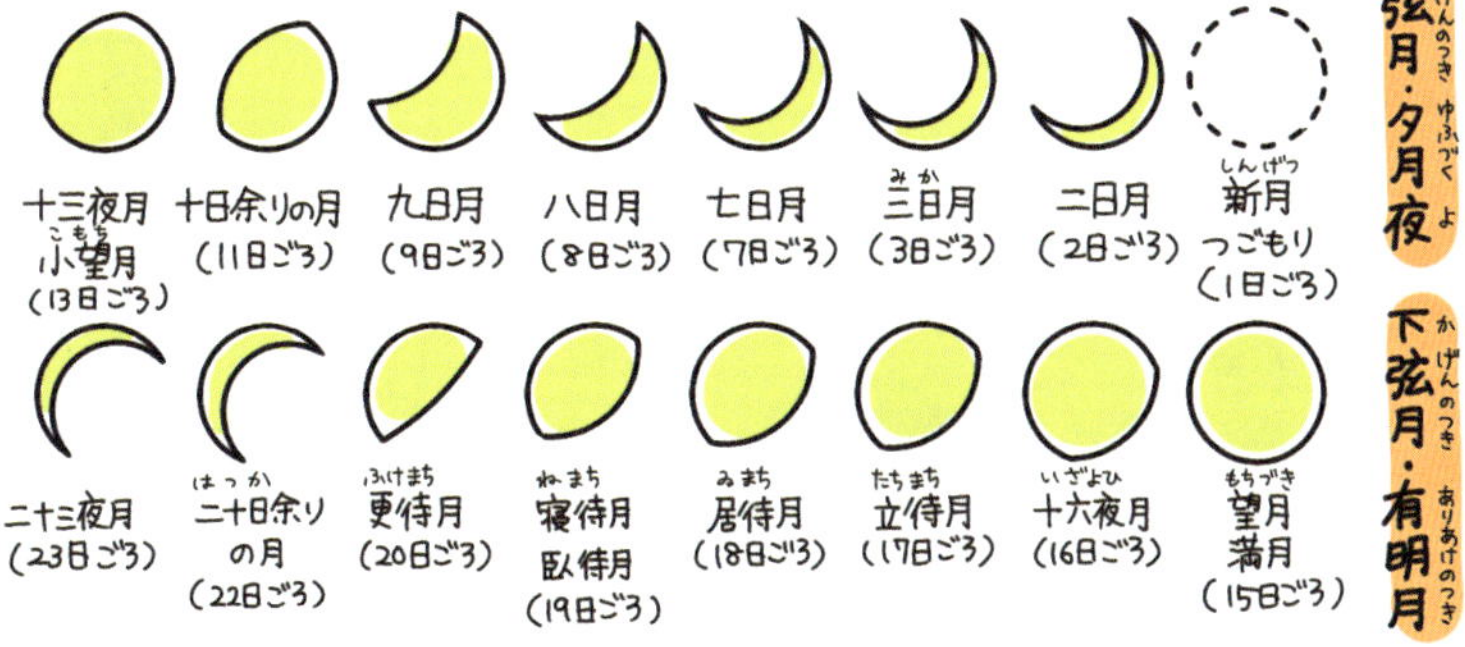

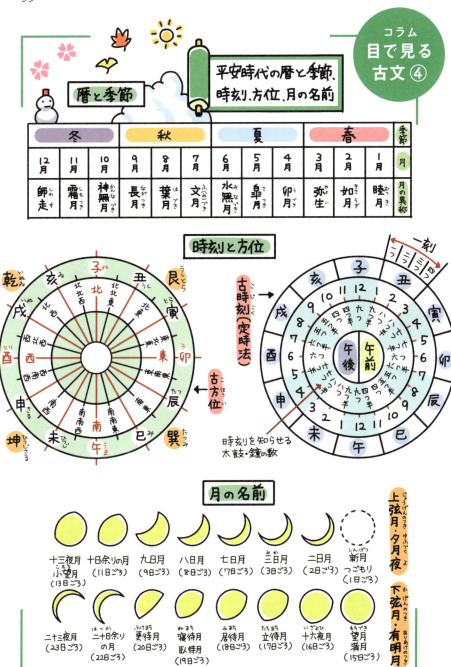

攻略法 6

内容説明・心情説明・理由説明問題①

説明として正しいものを探すとは、正しい理由・根拠となるヒントを探すこと

内容吟味問題の一つとして、傍線部や本文全体の「内容の説明として〜」「心情や行動の説明として〜」「……ができた理由として〜」と、「最も適当なものを選択させる」問題は、旧センター試験でも例年出題されていた。内容が本当に理解できていないと正解がでない難易度の高い問題だ。

正しい選択肢には、必ずその理由・根拠がある。正解を見つけるとは、つまり、「問題文中の理由・根拠となる部分を探す」こと。傍線部の心情・行動をとった理由が、明確に述べられている場合もあれば、複雑な心理を理解しないと解けない場合もある。

古文のツボ!

1 設問にある心情・行動をとった理由・根拠はここにある!

「現代語訳できれば解ける」というわけではないのよ!

❶ 〔理由（已然形）〕＋「ば」	・已然形＋「ば」は、確定条件を表し、原因・理由を表す場合が多い。（例外は偶然条件・恒時条件）
❷ 〔理由（連体形）〕＋「を」・「に」	・「連体形」に接続する助詞「を」「に」は、順接・逆接・単純接続があり、順接ではないかと見当をつけて読むとよい。
❸ 〔理由〕＋（に）「より」	・「より」は原因・理由を表す格助詞。
❹ 〔理由〕＋（する）「時」・「条」・「間」・「ままに」	・形式名詞「時」「条」「間」は、原因・理由を表す。 ・連語「ままに」も同様に、原因・理由を表す。
❺ 〔理由〕＋（これを）「見て」	・眼前にあるモノや事態を見ることが契機となって以下にそれに基づく行動が記述される。

❻〔理由〕＋「この故に」	
❼「この故は」＋〔理由〕	
❽ 前後の会話・内話文	・会話や内話文（心に思っていること）には、心情・行動の具体的内容が記述される。

2　指示語の指示内容の明確化が選択のポイントになる
——指示語の指示内容はこれだ

① 指示語が指し示すもの

かく（＝こう）・こ（＝これ） → 近くのもの
しか（＝そう）・さ（＝それ）・そ（＝それ） → 少し遠いもの
か（＝あれ）・あ（＝あれ） → 遠くのもの

② 指示語の前にある、単純なもの

現代語とは指示語が違うから覚えておいてね

③ 指示語の前にある、複雑なもの・長い内容

②のように単純なものではなく、前にある長い内容を指すことがわかったら、どこからどこまでかをまず見極めて、**指示語に代入してみて適切かどうか検証する。**

④ 指示語の前にある指示語

指示語の前にもう一つ指示語がある場合、前の指示語を指し示すと予想して、前にある指示語の指示内容を明確化する。そして設問になっている部分に代入してみて適切かどうか検証する。

⑤ 指示語の前にある歌or直後の歌

歌の前後に指示語がある場合、その歌を指すことが多い。

⑥ 指示語の直後にある内容

指示語の指示内容は、後にある場合には、通常直後の内容しか指示できない。

3 指示接続詞を「指示副詞（かく・しか・さ）＋あり＋接続助詞」に分解して、仮定、確定、順接、逆接、単純接続の、どの接続なのかを見極める。

（例）

（指示接続詞＝指示副詞＋あり＋接続助詞）

かからば　＝かく　＋あら＋ば　（こうであるならば　→それならば）

さらば　＝さ　＋あら＋ば　（そうであるならば　→それならば）

されば　＝さ　＋あれ＋ば　（そうであるので　→だから）

されど　＝さ　＋あれ＋ど　（そうであるけれども　→けれども）

しかれども　＝しか　＋あれ＋ども　（そうであるけれども　→けれども）

しかるに　＝しか　＋ある＋に　（そうであるのに　→ところが）

（そうであるので　→それで）

さるを　＝さ　＋ある＋を　（そうであるが　→それなのに・ところが）

例題19

理由・説明の根拠／指示接続詞

かの酒飲みゐたりし里人どもも、ここに来て、「国はいづくにかおはする。」など問ひつつ、この山〔＝香具山〕のふることどもなど語り出づる、いとゆかしくて、耳とどめて聞けば、大かたここによしなき神代のことのみにて、さもと覚ゆるふしもまじらねば、なほざりに聞き過ぐしぬ。されど、見えわたる所々を、そこかしこと問ひ聞くには、よき博士なりけり。

（菅笠《すががさ》日記）

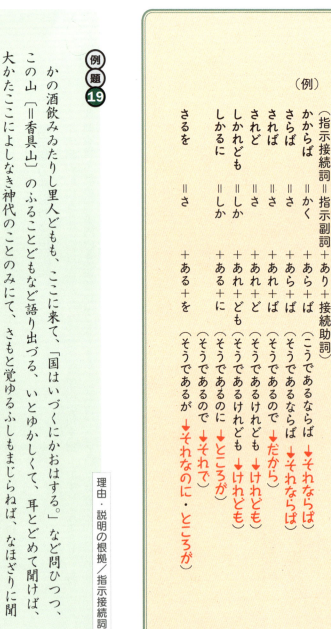

問 作者は里人の言動をどのように見ているか、その説明として最も適当なものを、次の①～⑤のうちから一つ選べ。

① 里人は辺りの地理ばかりでなく、香具山に関する古い伝承にも詳しく、田舎には珍しい学者であると思っている。

② 里人が『万葉集』の歌を歌い、古い伝承を語るのを聞くと、あたかも古代の人が出現したかのように思われる。

③ 里人の古代についての知識は不正確で、酒を飲み山菜を採るなど、神聖な山を荒らしているのを残念に思っている。

④ 里人の語る古い伝承は期待はずれだったが、辺りの地理を教えてもらうにはありがたい存在だと思っている。

⑤ 里人が香具山を行楽や山菜採りなどの生活の場としながら、神代の伝承をも保持していることに感動している。

「いとゆかしくて、耳とどめて聞けば」（とても心引かれて、耳をかたむけて聞くと）とあるので、このあとの里人の言動とそれに対する作者の評価が最も重要なポイントとなる。

大かたここによしなき神代のことのみにて、さもと覚ゆるふしも
理由
＋
まじらねば、なほざりに聞き過ぐしぬ。

已然形＋ば→結果（マイナスの評価）

作者が「なほざりに聞き過ぐしぬ」（いい加減に聞き過ごした）、つまり作者が里人の言動を評価していない［マイナスに評価している］理由が1―①にあるように、上の「大かた～ねば（已然形＋ば）」に示されている。この部分の現代語訳は「ほとんどがこの地に関係がない、神代の昔のことばかりで、なるほどと思われる点も含まれていなかったので」となる。ゆえに①・②・⑤は×。

次に続く表現「されど」に注目すると、これは3に示された指示接続詞にあたる。

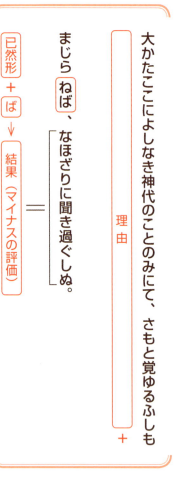

されど、見えわたる所々を、そこかしこと問ひ聞くには、よき博士なりけり。

さ＋あれ＋ど（逆接）← されど

＝ プラスの評価

「されど」は「さ＋あれ＋ど」に分解でき、「けれども」と逆接を表すことがわかる。「されど」以前では評価されなかった言動が、以後では評価されている。マイナスとプラスの評価が示されているのは、残った選択肢③・④の中では、④のほう。ゆえに④が正解となる。

解答 ―― ④

ほめられていると
思ったのに、
「されど」って
ひどい！

例題20

（見る見る変わる雲の形に）名付けあへぬまに跡もとどめぬを、「そはそは」と言ふほど、をさな（＝幼いわが子）が見なして、「菫《すみれ》の花に似たり」と言ふを聞きて、おのれ、とりあへず、「菫の雲は消えにけるかな」とうち誦《ず》して、さて、「かく言ふが、かの歌なり」と言へば、「そをさな驚きて、しか言へば歌にやといふ顔つき、いささか心得たりげなれば、またいはく、「そのこのごろ読む古今集の序に『見るもの聞くものにつけて言ひ出だせるなり』とあるは、この歌詠むことをいへるなり。なほ、試みに言へ」と言へば……。

をとつ年のころより、「月に花に触れて歌詠め」と言へば、「いづれの歌をか詠まむ」と言ふ。こは、百人一首・三十六人の古歌など、詠み出づることなりと思へるなり。「我が思ふことを詠むなり」と教ふれど、とかく心得かねて、人の詠める歌など、かたはらに聞きおぼえて、誦しなどしてありしなり。今日しも、おのが言へる言葉によりて諭したるにて、心得たるなり。

（桂園《けいえん》遺文《いぶん》）

問　**傍線部の「かく言ふ」と「かの歌」の指す部分として、最も適当なものを、次の①〜⑤のうちから一つ選べ。**

①　「かく言ふ」は「菫の花に似たり」を指し、「かの歌」は「見るもの聞くものにつけて言ひ出だせる」歌を指す。

② 「かく言ふ」は「菫の花に似たり」を指し、「かの歌」は「月に花に触れて」詠む歌を指す。

③ 「かく言ふ」は「菫の雲は消えにけるかな」を指し、「かの歌」は「見るもの聞くものにつけて言ひ出だせる」歌を指す。

④ 「かく言ふ」は「菫の雲は消えにけるかな」を指し、「かの歌」は「月に花に触れて」詠む歌を指す。

⑤ 「かく言ふ」は「菫の雲は消えにけるかな」を指し、「かの歌」は「百人一首・三十六人の古歌」を指す。

「かく言ふが、かの歌なり」の「かく」と「か」が指示語。**2—①**にあるように、「かく」は近くのものを指すことになるので、「菫の雲は……」が最も有力となる。しかも、幼いわが子が「菫の花に似たり」と言ったことに対して、作者が七・七のリズムをもつ「菫の雲は消えにけるかな」と言い換えていて、下の「かの歌」の「歌」と対応することから、この「菫の雲は……」が「かく」の指示内容だと分かってくるはず。

ゆえに①・②は×となる。

「菫の花に似たり」と言ふを聞きて、おのれ、とりあへず、「菫の雲は消えにけるかな」とうち誦して、さて、「かく言ふが、かの歌なり」と言へば

（かく＝近くのモノ　か＝遠くのモノ）……×①・②

また、「か」は、同様に遠くのものを指す。その指示内容も、傍線部の前には見当たらないことから、後にあるものを指していることがわかるはず。しかも「かの歌なり」（あの歌である）という言い方から、「か」が昔話題にしたものであることが分かるだろう。

「菫の雲は消えにけるかな」
＝
さて、「かく言ふが、かの歌なり」と言へば、……
（か）＝昔話題にしたモノ……×③

子供って、たまに本質をついたことを言うから…大好き！

をとつ年のころより、「月に花に触れて歌詠め」と言へば、……

→ ヒント

今日しも、おのが言へる言葉によりて諭したるにて、心得たるなり。

昔のことを示しているのは、後の段落。「をとつ年のころより（おととしの頃から）……」以下から答えを導くことになる。ゆえに③も×。の手順で絞りこんで残った④・⑤のどちらが正解かは、内容から判断。作者は「自分の歌を詠むこと」を教えようとしているのであるから、⑤は×。正解は④になる。

なお、ダメ押しのヒントとして、末尾に「今日しも、おのが言へる言葉によりて諭したるにて〔＝子供自身が言った言葉をつかって教え示したので〕、心得たるなり。」と、「昔示したものの本質を、今日理解した」ということが述べられている。

解答 ――④

解釈 （見る見る変わる雲の形に）名前をつけることができないでいる間に（雲は）跡も留めず消

えていくので、「それは、それは」と（私が）言っていると、幼い我が子が（雲の）形をとらえて「菫の花に似ている」と言うのを聞いて、私は、即座に、「菫の形をした雲は消えてしまったなあ」とちょっと口ずさんで、そして、「このように言うのが、いつも言っている歌（のこと）なのだよ」と言うと、幼い我が子ははっとして、そういうふうに言えば歌なのだろうかという顔つきは、少々理解したようなので、また（私が）言うことには、「お前がこの頃読む古今集の序に『見るもの聞くものに託して言葉に表したものなのである』とあるのはこのように歌を詠むことを言っているのだ。もっと試してごらん」と言うと……。

一昨年の頃から、「月や花（など風情あるものに）に触れて、歌を詠んでみなさい」と言うと、「誰の歌を詠めばいいのか」と言う。このことは、百人一首や三十六歌仙の有名な古歌を詠み出すことだと（勘違いして）思っているのである。「自身が思うことを詠むのだ」と教えるけれど、どうにも理解しかねて、他人が詠んだ歌などを、そばで聞き覚えて、口ずさみなどしていたのである。今日まさに、子供自身が言った言葉をつかって（歌の本質を）教え諭したことによって、理解したのである。

全訳できなくても
いいから、
ざっと意味を
つかんでね!!

コラム
目で見る古文⑤

平安美人の身だしなみ

攻略法 **7**

内容説明・心情説明・理由説明問題②

心情を示す表現・複雑な心理を示す表現の理解

心情説明問題があるということは、その人物の心情が単純ではなく、複雑に変化するものであったり、また、その人物の心情をつかむことが文章全体の理解に深く関わるから。複雑な心理を示す語や心情を含む表現を理解して、心情説明問題を攻略しよう。

複雑な心情を表現する単語があるから、覚えてね!

古文のツボ!

1 複雑な心理を示す重要古語の理解が選択の決め手になる!

① 「なかなか（なり）」＝中途半端さからの逆接（かえって・かえって〜しないほうがましだ・むしろ）

――することは「なかなか」〜することよりも……だ。

例 はかばかしう後見思ふ人なき交じらひは、なかなかなるべきことと思ひ給へながら……。

（**訳** しっかりと後見しようと思う人がない交際は、**かえって**〔付き合わないことよりも〕よくないことと存じますが……。）

②「さすがに・さすがなり」

＝予想外のマイナスイメージ（そうはいっても・やはり＋マイナスイメージ）

――ではあるが「さすがに」～することは……だ。

例 あなづりやすき人ならば、「後に」とても遣りつべけれど、さすがに心恥づかしき人、いと憎く、むつかし。

（**訳** 軽く扱ってもかまわない人ならば、「後で」といっても追い返すこともできるが、**そうはいっても**りっぱな人は、〔追い返せず相手をすることになるので〕とても憎らしく、わずらわしい。）

③「あやにくなり」

＝期待外れの困惑・落胆（不都合だ・意地悪い）

――ということを期待したのに「あやにくに」～だ。

例 心づくしなることを、御心に思しとどむる癖なむ、あやにくにて……。

（**訳** さまざまな物思いの種になることを、思いつめなさる癖が、**不都合なことに**おありで……。）

④「さはれ・さばれ」＝自暴自棄の決断（どうでもよい、ままよ）

——を期待したが、その通りにはならないので「さはれ」〜になれ。

例「さばれ、このついでにも、死なばや」とおぼす。

（訳「どうでもよい、このついでにも、死にたい」とお思いになる。）

2 本文全体からうかがえる作者または登場人物の心情説明は、その人物にかかわる「心情を示す表現」をピックアップする。

「心情を示す表現」

① 形容詞（特にシク活用が多い）・形容動詞　例 うれし・わびし・あはれなり

② 会話・内話文……心情の具体的な内容となる

③ 知覚動詞……心情を反映した行動を示す　例 泣く・嘆く・ながむ

④「心」が含まれる漢字（「忄」：りっしんべん・「心」：したごころ）

⑤ 和歌は心情の凝縮された表現

例題21

隣の垣ほより薄き煙のこなたざまにうちなびきたるを見て、おのれ、「雲と煙と見えにけるかな」と言ひて、「なほ、かく、物につけて言はれざることなし」と言ふを、をさな（＝わが子）聞きて、『立ちにけるかな』とせばいかに」と言ふ。こは、かの、（注）あめ牛に突かれたる、なりけり。「立ちにける」と言はば、え聞き取るまじうおぼえて、なかなかのしれわざせるなり。

（桂園遺文）

（注）○あめ牛に突かれたる……おとなしい雌牛に突かれるように、思いがけない目にあうこと。

問 **傍線部の説明として最も適当なものを、次の①～⑤のうちから一つ選べ。**

① 相手が幼い子供だからと軽く考えていたところ、かえってこちらが思っていた以上に気のきいた応対をしたこと。

② 相手が幼い子供であることを考慮して丁寧に指導した結果、十分に満足のいく効果があげられたこと。

③ 相手が幼い子供であることを考慮して丁寧な指導を心がけたのに、こちらの真意をまったく理解しなかったこと。

④ 相手が幼い子供だからと軽く考えていたために、かなり適切さに欠ける安易な表現を用いてしまったこと。

⑤ 相手が幼い子供であることを考慮して平易な表現を用いたために、かえって子供にひけを取ってしまったこと。

まず、ー①にあるように、**「なかなか」**に注目して選択肢を見ると、「かえって」という意味を含む①と⑤が残る。

また、にあった「なかなか」のパターンにあてはめると、「『立ちにける』と言はば、え聞き取るまじうおぼえて」（＝「見えにけるかな」といったことが「立ってしまった」と言うならば、理解することができないだろうと思われて（「見えにけるかな」といったことは、）」が「――することは」という部分に相当する。

つまり、（煙と雲が）立つと言うと子供には難しいから、平易に「見える」と言ったということになる。

ゆえに正解は⑤となる。ちなみに省略されている〜に相当する部分は、「普通に『立つ』ということ」、……の「しれわざ」とは「愚かなこと」という意味。

「立ちにける」と言はば、え聞き取るまじうおぼえて、なかなかのしれわざせるなり。

＝ ——することは

＝ 「かえって」（〜よりも）……である

……×②・③・④

解答 —— ⑤

例題22

心情を示す表現の描出

次の文章は、『とりかへばや』の一節で、大将が、吉野に隠棲《いんせい》している吉野の宮の二人の姫君を、都に迎え新居に移そうとする場面である。

その日になりて、渡り給ふ儀式いとめでたく、…中略…父宮〈＝吉野の宮〉もあるべき様おぼしおきて、「今は何しにかは、この庵《いほり》をまた立ち帰り見給ふべき。みづからも、都に立ち出で侍《はべ》るべきならねば、これなむ対面の限りにて侍るめる。年ごろ去りがたきほだし〈＝

離れられない束縛〕とかかづらひ聞こえて、後の世の勤めも、おのづから懈怠《けだい》し侍りつるを、今よりは、一筋に行ひ勤め侍るべきなれば、いみじうなむうれしかるべき」とて、うち泣き給ひて、

行く末もはるけかるべき別れには逢ひ見む事のいつとなきかな

とて、「今日はこといみ〔＝不吉な言動を慎むこと〕すべしや」と、押しのごひ隠し給ふ。

…中略…

（二人の姫君達が大将のところへ渡っていく様子を）宮は、いとうれしく、かひある様と見送り聞こえ給ふ。名残なくかい澄む心地して、心細くおぼさるれど、一筋に行ひ勤めさせ給ひければ、いみじくうれしく、年ごろおぼしつる本意、かなひ出でぬる心地せさせ給ふ。

（とりかへばや）

問 **本文全体からうかがえる吉野の宮の心情の説明として最も適当なものを、次の①〜⑤のうちから一つ選べ。**

① 吉野の宮は、やむをえず二人の娘の養育にかかずらわっている間に、仏道修行も妨げられることが多かったことを悔しく思っていたので、やっと一人になって仏道修行に専念できるようになったことを、たいへんうれしく思っている。

② 吉野の宮は、上の娘を高貴な男性と結婚させて、下の娘と一緒に都で暮らさせてやりたいと考え

ていたが、それがまったく思い通りになったので、これで念願がすべてかない、仏道修行に専念できるとうれしく思っている。

③ 吉野の宮は、気がかりであった娘たちの将来が安定し、後顧の憂いなく仏道修行に専念できるようになったので、娘たちとの別れに一抹の寂しさを感じながらも、長年の思いがすべてかなえられたようなすがすがしい気持ちでいる。

④ 吉野の宮は、これで自分も情愛の念にかき乱されることなく仏道修行に専念できるようになったのだと、しいて自分に言い聞かせようとしているが、なおもこぼれ落ちる涙を隠さねばならぬほど娘たちとの別れに寂しさを感じている。

⑤ 吉野の宮は、大将殿と一緒に娘たちも、長年仕えなれた女房達もすべて都に行ってしまって、急に身辺がひっそりとしてしまったことに心細さを感じながらも、これでやっと仏道修行に専念できるようになったと思って喜んでいる。

2－②により、まず父宮の「今は何しに……」という**会話**に注目しよう。長年「ほだし」である娘たちを世話していたため、「後の世の勤め」（＝来世のための仏道修行）も「懈怠し」（＝なまけてい）たと述べている。「懈怠」は **2－④**のように、**「心」を含む漢字**である点でも注目できる。

（会話）「今は何しに……年ごろ去りがたき **ほだし**（重要な仏教用語→出家の妨げになる家族）〔＝離れられない束縛〕とかかづらひ聞こえて、後の世の勤めも、おのづから **懈怠**（「忄」「心」を含む語）し侍りつるを、今よりは、一筋に行ひ勤め侍るべきなれば、いみじうなむ **うれしかる**（心情を表す形容詞）べき」とて、うち **泣き**（知覚動詞）給ひて、……

この「ほだし」が理解できれば、続く表現も納得がいくはず。続く文には、これから仏道修行に専念できることが述べられ、それが「いみじうなむうれしかるべき」と喜んでいることがわかる。**形容詞**「うれしかる」（「うれし」の連体形）は 2―①からも注目される。

また、この会話の直後に、「うち泣き給ひて」と 2―③にある**知覚動詞**「泣く」

が見られる。これは、単なる嬉し泣きだけではないことが、続く歌からわかる。

行く末もはるけかるべき別れには逢ひ見む事のいつとなきかな

← 容易に逢えない寂しさ ……×①・②

2−⑤にあるように、**和歌は凝縮された心情の表現**。「逢ひ見む事のいつとなきかな」には、容易に逢えない寂しさが示されている。だから、寂しさがでていない①・②は×。

次の段落に目をうつしてみると、「いとうれしく、かひある様」が2−②にある**内話文**。以下、2−①・③・④にある**形容詞・知覚動詞・「心」が含まれる漢字**が、連続して示されていることがわかる。吉野の宮は、娘たちの出立の様子を「うれし」と願わしいものとしてとらえているんだね。

宮は、（いと うれしく、かひある様）と見送り聞こえ給ふ。

内話文　心情を表す形容詞

名残なくかい澄む心地して、心細く おぼさるれ ど 、一筋に行ひ勤めさせ給ひければ、

心情を表す形容詞

いみじく うれしく、年ごろおぼしつる本意、かなひ出でぬる心地せさせ給ふ。

心情を表す形容詞

別れの寂しさを強調……×④　最終部以外とも対応……×⑤　〇③

ただ、「名残なく、かい澄む心地して」と、皆がすっかり出ていってしまったことに対して「心細い思い」を持っていることは確か。しかし、直後の接続助詞「ど」によって逆接内容が下接していることがわかる。「いみじくうれしく」「本意、かなひ出でぬる」気持ちになっていることが述べられている。となると、喜びの表現の多さからも、別れの寂しさのほうを強調している④は×。

「別れ」の心情は、簡単に表現できるものではないのね

残る③と⑤とを比べると、⑤は本文の最後の部分と対応しているだけ。だから×。前半の内容も含んだ、嬉しさと寂しさが繰り返されている心情を細かくとらえた、③が正解。

解答 ——③

解釈

その日〔＝出発の日〕になって、（二人の姫君が大将の所へ）お移りになる儀式はとてもすばらしく……、父君も娘たちの将来をお考えになって（姉宮に）「もうどうして（あなたは）この庵にまた帰ってご覧になることなどありましょうか、（いやない）。私自身も、都に出ていくはずの身ではありませんので、これが顔をあわせる最後のように思います。長年離れられない束縛（であるあなたがた肉親）をお世話申し上げまして、来世のための仏道修行も、自然と怠けていましたが、これからは、一心に仏道修行をすることができる身ですので、とてもうれしく思われます。」と言って、お泣きになって、

行く末も……遠い将来へとはてしないあなたとの別れですので、いつお逢いできるかはわからないことですなあ。

と言って、「今日は不吉な言動を慎まなければいけないな」と、涙をぬぐってお隠しになる。

（二人の姫君達が大将のところへ渡っていく様子を）宮は、とてもうれしく、かいのあることだと見送り申し上げなさる。すっかり心が澄みきる気持ちがして、（一面では）心細くお思いになるが、一心に仏道修行をなさっていたので（娘達への心配がなくなって）とてもうれしく、長年お思いになっていた本懐がとげられた気分におなりになる。

攻略法 8

複数文章比較問題（内容合致・主旨選択問題①）

なんとなく合っているではダメ！ 似た内容の違いを見極めよ。

古文の試験では、複数文章比較問題が出題される可能性が高い。どう対策したらよいかお手上げかも知れない。でも大丈夫。本質的には、内容合致問題・主旨選択問題。後に述べた対策ができればよい。内容合致の問題だからといって、文章の隅から隅まで見る必要はないんだ。だって、全体の解釈に大きくかかわらない部分まで問題にする必要はないから。でも、「なんとなく」という印象や、第六感で判断してはいけない。次のような、もっと論理的な見方が必要となる。

古文のツボ！

複数文章比較問題（内容合致・主旨選択問題①）の選択のポイント

1 複数文章比較問題（内容合致）があると分かったら、選択肢を見る。

全訳しないで効率よく問題を解ける人ってステキ！

・……選択肢は、内容理解の大ヒント

2 対応部分・比較部分をまず探す!!

3 対応部分が見当たらない→基本的にバツ!!

・……書いてないことは基本的にバツ!!

・……書かれていなくても合理的に予想できるものは正解

4 対応しているかどうか曖昧→とりあえず残す

・……解答者のアタマの中にあることばと出題者の頭の中にあることばは、同じ内容を述べていても違うことばになることは、あたりまえ。対応しているかどうかわからないときには、そんな可能性もあることを考えて、とりあえず残そう。

5 複数の文章に類似部分があったらチェックしておく。

・……短時間で選択肢が吟味できるように、本文にチェックを入れておく。

6 類似内容の何が同じで、何が違うのか、そこを見る。

・……細かく全体を見回す時間はない。特に両者（または三者）の違いをメモろう。

7 主体体・客体が正しいかチェック!!

・……主体・客体の入れ替えに注意

8 重要古語の解釈が正しいかチェック

・……重要古語の解釈は内容理解を大きく左右

9 類似した文章どうしは、他の内容を全部否定しているのか？ 部分否定しているのか？ を見極めよう！

全部否定　＝　さらに〜打消　つゆ〜打消

部分否定　＝　いと〜打消……しも〜打消

10 他の文章を根拠にした「〜ので・〜だから」という理由が正しいかチェック

・……一方の文章がもう一方の文章の主張の根拠になっているかどうか、見極めよう。

例題23

次の【文章Ⅰ】は兼好法師『徒然草』（一三七段）の一節で、【文章Ⅱ】は、本居宣長『玉勝間』（四の巻）の一節である。よく読んで後の問いに答えよ。

【文章Ⅰ】

花は盛りに、月はくまなきをのみ見るものかは。雨に向かひて月を恋ひ、たれこめて春の行方を知らぬも、なほあはれに情ふかし。咲きぬべきほどの梢、散りしをれたる庭などこそ見どころ多けれ。歌の詞書にも、「花見にまかれりけるに、はやく散り過ぎければ」とも、「障《さは》ることありてまからで」なども書けるは、「花を見て」と言へるに劣れることかは。花の散り、月の傾くを慕ふ習ひは、さることなれど、ことにかたくなる人ぞ、「この枝、かの枝散りにけり。今は見どころなし」などは言ふめる。

【文章Ⅱ】

兼好法師がつれづれ草に、花は盛りに、月はくまなきをのみ見るものかはとか言へるは、いかにぞや。いにしへの歌どもに、花は盛りなる、月はくまなきを見たるよりも、花のもとには風をかこち、月の夜は雲をいとひ、あるは待ち惜しむ心づくしをよめるぞ多くて、心深きもことにさる歌に多かるは、みな花は盛りをのどかに見まほしく、月はくまなからんことを思ふ心のせちなるからこそ、さもえあらぬを嘆きたるなれ。いづこの歌にかは、花に風を待ち、月に雲を願ひたるはあらん。さるを、かの法師が言へるごとくなるは、人の心にさかひたる、のちの世のさかしら心の、つくり風流《みやび》にして、まことのみやび心にはあらず。

かの法師が言へる言《こと》ども、このたぐひ多し。みな同じことなり。すべて、なべての人のねがふ心にたがへるをみやびとするは、つくりごとぞ多かりける。恋に、あへるをよろこぶ歌は心深からで、あはぬを嘆く歌のみ多くして、心深きも、あひ見んことをねがふからなり。人の心は、うれしきことは、さしも深くはおぼえぬものにて、ただ心にかなはぬことぞ、深く身にしみてはおぼゆるわざなれば、すべて、うれしきをよめる歌には、心深きはすくなくて、心にかなはぬすぢを悲しみうれへたるにあはれなるは多きぞかし。さりとて、わびしく悲しきをみやびたりとてねがはむは、人のまことの心ならめや。

問 【文章Ⅰ】と【文章Ⅱ】について述べたものとして最も適当でないものを、次の①～⑤のうちから一つ選べ。

① 【文章Ⅰ】では、待っていたのに既に咲いてしまって、散ってしまった庭などに見る価値があると述べている。

② 【文章Ⅱ】では、昔の歌に月が雲に隠れたり月が出ていないことを詠んだ歌が多くあることを認めている。

③ 【文章Ⅱ】において本居宣長は、【文章Ⅰ】で兼好法師が述べられている内容に、全面的に反駁し

ている。

④【文章Ⅰ】で兼好法師は、具体的な例を示しながら論を述べているが、【文章Ⅱ】では、具体例を示してはいない。

⑤【文章Ⅰ】では、花を見に行かないで歌を作ることと見て作ることを同価値としているが【文章Ⅱ】では、同価値とはしていない。

まず①から、2をポイントに【文章Ⅰ】の対応部分を探すと、「散りしをれたる庭などこそ見どころ多けれ」と①と同じ主旨がはっきり書かれている。適当であるので、正解からはずそう。

②も同様に対応部分を探すと、「月の夜は雲をいとひ、あるは待ち惜しむ心づくしをよめるぞ多くて」辺りが対応していることがわかる。②のように「月が雲に隠れたり」とはっきり書かれているわけではないが、「雲をいとひ」とは、月が雲に隠れることを意味する。また、「待ち惜しむ」とは、月がまだ出ていないのを待ち、月が沈んでいくことを惜しむということがわかる。この叙述から、3の「合理的に予想できる」ものであるので、適当であると考えられる。これも正解からはずそう。

※私達の生きる社会に、絶対に正解は、ありえない。様々な情報を積み上げて、合理的

に予想できるものを選び取っていく力は、大切な力。この参考書をマスターすることは、社会で通用する思考を身につけることにもなるんだね。

③はどうだろう。二つの文章を比較しているね。「全面的に反駁している」と書いてあると、そこまではない感じもしてくるよね。なんとなくどこか肯定している点があるようにも。「『すべて～～』という選択肢は、そんなことはないから、適当でないことを述べている選択肢だ」などと書いてある参考書もあるようだ。でもそれははっきり言って詐欺。冷静に内容を吟味しよう。

冒頭の「兼好法師がつれづれ草に～いかにぞや」は、疑問なのか反語なのかまだわからない。「いづこの歌にかは、花に風を待ち、月に雲を願ひたるはあらん」の「かは」は、明らかに反語で、【文章Ⅰ】に反駁しているね。第一段落末尾「かの法師が言へるごとくなるは、人の心にさかひたる、のちの世のさかしら心の、つくり風流《みやび》にして、まことのみやび心にはあらず。」とやはり反駁している。

第二段落も「かの法師が言へる言《こと》ども、このたぐひ多し。みな同じことなり。」と、第一段落を受けて、同様の主張が続いている。

④はどうだろう。【文章Ⅰ】の対応部分は、「歌の詞書にも、『花見にまかれりけるに、はやく散り過ぎければ』とも、『障《さは》ることありてまからで』なども」と具体的に述べられている。【文章Ⅱ】は、どこまでが具体的か判断が難しいね。「恋に、あへるをよろこぶ歌は心深からで」と「人の心は、うれしきことは、さしも深くはおぼえぬものにて」は、同様な例を二つ挙げているようにも思える。「具体例を示していない」というのは、適当でないようにも思えるね。4をポイントに、とりあえず、残しておこう。

⑤の【文章Ⅰ】の対応部分は、冒頭で、「花は盛りに、月はくまなきをのみ見るものかは」と「のみ」を「かは」と反語で打ち消しているので、正しいと考えられるね。【文章Ⅱ】については、③との対応から、「同価値としていない」は正しい。

内容合致問題では、対応箇所を探し吟味することがポイント！

解答 ―― ④

解釈

【文章Ⅰ】

花は花盛りを、月は曇りがないときだけを見るものであろうか、いや違う。雨に向かって月のことを慕い、すだれを垂らして室内に籠もって春の移り行く様をわからないでいるのも、やはりしみじみと情趣が深い。まさに咲きそうなほどの梢、花が散りしおれている庭などは見る価値が多いのである。和歌の詞書にも、「花見に参上したけれども、早くも散ってしまったので」とか、「差し障ることがあって、（花見に）参らないで」などと書いてあるのは、「花を見て（詠んだ）」というのに劣っているだろうか、いや劣っていない。花が散り、月が傾いていくのを慕う習慣は、もっともなことではあるが、格別に無風流な人は、「この枝も、あの枝も散ってしまった。もう見る価値がない」などと言うようだ。

【文章Ⅱ】

兼好法師の徒然草に、「花は花盛りを、月は曇りがないときだけを見るものであろうか、いや違う」と言っているのはどうであろうか。古くの歌々に、花は花盛りの状態を、また月は曇りがない状態を見た歌よりも、花が咲いているときに風が吹いて散ってしまうことを愁い悲しみ、月の夜に雲がかかるのを疎ましく思い、一方では月を待ったり惜しんだりするやるせない気持ちを詠んだ歌が多くて、趣深い歌も格別にそのような歌に多いのは、皆花は花盛りを心安らかに見たいと思い、月は欠けていないようなことを願う心が切実であるからこそ、そうある

ことができないのを嘆いていたのであるようだ。どこの歌に花が咲いているのに風が吹くのを待ち、月が出ているのに雲がかかるのを願う歌があるだろうか、いやない。しかし、あの法師が言っているようなことは、人の心に逆らっている、あとの時代の利口ぶった心の、つくりものの風情であって、本当の風情がある心ではない。

あの兼好法師が言っていることごとは、この類が多い。みな同じことである。総じて、一般人が願う心と違っていることを風情あることとするのは、作り事が多いのだなあ。恋で、結ばれることを喜ぶことは心が深くなく、結ばれないことを嘆く歌ばかりが多くて、それが趣深いのも、結ばれるようなことを願うからである。人の心は、嬉しいことはそれほどは深く覚えていないものであって、ただ思い通りにならないことが、深く身に染みて思われることであるので、総じて、うれしいことを詠んだ歌には、趣深いものが少なくて、思い通りにいかない方面を悲しみ嘆いている歌に、趣深いものが多いのであるよ。そうは言っても、思い通りにならないでつらく悲しいことを風情があるのであるとして願うようなことは、人の本当の心であるだろうか、いや本当の心ではないのだ。

内容合致・不合致問題、主旨選択問題の選択肢は、内容理解の大きなヒント

……「次の文章を読んで後の問いに答えよ」という設問を真に受けてはいけない。

なぜなら、「文章を読んで」から設問に取りかかったとしても、(問題を解くためには)また最初に戻って読まなければならないから。当たり前だが、まず設問を読んで、何が問われていて、何に注意して本文を読むか、見当をつけること。たとえば、不合致問題なら、選択肢の一つ（ないしは二つ）を除いて、内容は本文と合致しているのだから、これを読めば内容のアウトラインの七・八割は分かるはず。

また、内容合致問題にしても、不正解の選択肢の内容のすべてが合致していないのではなく、一部分が合ってないという選択肢がほとんど。やはりヒントになるはずだ。合致・不合致問題は、設問としては難しいけれど、逆に内容理解のヒントにもなるんだ。

攻略法 9

生徒どうしでの話し合い問題（内容合致・主旨選択問題②）

頷きや接続詞にとらわれず、本文との対応をまず考える

古文の試験では、生徒どうしでの話し合い問題が出題される可能性が高い。古文では何をすればいいの？　全くわからない！　なんて思うかも知れない。大丈夫。次のツボを押さえよう！

●生徒どうしでの話し合い問題選択のポイント

1 それぞれの生徒の意見は、本文との対応箇所を見つけることから

→複数文章比較問題（内容合致・主旨選択問題①）のポイントをしっかり押さえる。

2 生徒の意見とその根拠の双方が正しいかを見極める。

→根拠を曲解して自説としていることがある。

→前の生徒の意見を正しくとらえないで自説を展開していることがある。

3 話し合いの中に和歌に関する内容が含まれることがある。攻略法10〜12のマスターが大きな武器になる！

※引き歌や本歌取りも＋αとしてマスターしておこう！

4 「筆者の考え方」を議論する形式の問題は、筆者の「心情を示す表現」を追う。

心情を示す表現

① 形容詞（特にシク活用が多い）・形容動詞
② 会話・内話文 ⟶ 心情の具体的な内容となる
③ 知覚動詞 ⟶ 心情を反映した行動を示す
④ 「心」が含まれる漢字（「忄」「心」）
⑤ 和歌は心情の凝縮された表現

（⇩p110「心情を示す表現」参照）

例題24

人の家居《いへゐ》は仮の宿りとはいひながら、つきづきしく〔＝似つかわしく〕いやしからぬこそあらまほしけれ。……高きにつけ下れるにつけ、そのほどに従ひて、たくみなる方なく、おもしろかれとはせで、しかも、さし入るに、目立たず、みにくからぬこそよけれ。

また、武士の家居のあるべきこととて、清からぬ物の具〔＝武具〕多く乱りがはしく取り散らし置きたるも、いかにぞや見え侍る。また、うつくしからむとて揃《そろ》へ並べたるも、何とやらむ、し侍り。……ただ、何事もよきほどにて、目に立たぬことぞよき。

また、屏風《びやうぶ》・障子の絵も文字も、そのかたくななる筆やうして書きたるが、みぐるしきより、その主のつたなさ見えて、あさまし。兼好が、人の心は持てる調度と家居にてこそ見ゆれ、と書きたるもことわりなり。……このごろ、数寄《すき》とやらむとて、住まひはあらぬことをたくみ、調度は高麗《こま》・唐土《もろこし》のめづらかなる物を調へ、諸人《もろひと》興じけり。何事かはみごとなりけむ。よき人の住みなしたる所は、今めかしうきらきらかならねど、木立ものふり、わざとならぬ庭の草葉も心あるさまにて、さし入る月の影までも、ひときはしみじみとあはれに、また、うちある調度もものふりて、さすがいやしからず。今の人はめづらかならむとて、よしなきことをし揃へ、わづらはしく好みなして、しかも品なくいやしきさま多し。……

（榻鴫暁筆《とうでんぎょうひつ》）

問 本文に関する生徒どうしでの話し合いの内容として、適当でないものを、次の①～⑤のうちから二つ選べ。

① 生徒A――この文章は、身分の高い人も低い人も、分相応な住まいを持って、分相応に暮らすべきだっていう謙虚な生き方を美徳としている考えが読み取れるね。

② 生徒B――そうだね。それは、作為的なことをすると「何とやらむ」というように、品位が伴わなくなるので、巧まざる自然のあるままの状態がいいっていう考えとも言えるよね。

③ 生徒C――そうかなあ。なすがままに放っておくのも「いかにぞや」といっているし、手入れが行き届きすぎているのも、どちらもよくないっていう中庸な考え方だと思うよ。

④ 生徒D――後半に注目すると、作者は当世風で派手な美しさよりも、古めかしい落ち着いた趣がいいっていう尚古の考え方をしているのがわかるね。

⑤ 生徒E――同じく後半に注目してみると、Aさんのいうように、贅沢をしないに越したことはないけれど、舶来品は生活に風流な楽しみを与えてくれるとも述べている。

この問題は、選択肢からわかるように「**筆者の考え方**」を問うている。 **4**にあるように**「心情を示す表現」に注目する**ことから始めよう。

最初に「あらまほしけれ」（理想的だ）が目に止まるだろう。何が理想的かというと、「人の家居～いやしからぬ」だ。つまり、「住む人に似つかわしいことが理想的」ということで、

①の生徒Ａは作者の考えと合致する。ゆえに×。

次に同じ段落の最終部の「心情を示す表現」の「よけれ」に注目すると、技巧を凝らさず、「目立たない」のがよいと言っている。

高きにつけ下れるにつけ、そのほどに従ひて、たくみなる方なく、おもしろかれとはせで、しかも、……目立たず、みにくからぬこそ よけれ

（よけれ：形容詞（心情を示す表現））

「目立たない」ことがよいということは、第二段落の最終部にも同じ様に述べられている。**繰り返し強調されていることから、このあたりが作者の考えを明確に示している**こともわかるだろう。

また、この第二段落では、武士の住居について、「清からぬ物の具多く乱りがはしく取り散らし置きたる」と述べている。つまり、なすがままに放っておくことを③の生徒Ｃの指摘のように「いかにぞや」と否定的に見ており、また「うつくしからむとて揃へ並べたる」、つまりわざわざ整然と見えるようにすることを、「何とやらむ」と否定的に見てい

る。この考えはまさに③と合致する。ゆえに×。

②の生徒Bは、「巧まざる自然のあるがままの状態でいるのがいい」という点が、作者の考えと合致しない。「適当でないものを選ぶ」だから、これが正解。1でしっかり対応箇所を見つけておけばうまくいくね。

また「そうだね」と①を受けて話をしているが、自説との対応が正しくない。2を押さえていれば、不自然な点も気付けるね。

清からぬ物の具多く乱りがはしく取り散らし置きたるも、いかにぞや（心情を示す表現・内話文）**見え侍る**
また、 対 **うつくかしからむとて揃へ並べたるも、何とやらむ**（心情を示す表現・内話文）

第三段落では、「よき人」の住まいを、「今めかしうきららかならねど」「ものふり」「ものふりて」と古めかしいものを重ねて「いやしからず」と肯定している。続けて対になる「今の人」については、「よしなき」「わづらはしく」「品なくいやしき」と否定的な心情表現を重ねている。

この考えは④の生徒Dの主張と合致し、ゆえに×。

よき人の住みなしたる所は、今めかしうきららかならねど、木立ものふり、

……うちある調度もものふりて、さすが**いやしからず**。

対

今の人はめづらかならむとて、**よしなき**（心情を示す表現・形容詞）ことをし揃へ、

わづらはしく（心情を示す表現・形容詞）好みなして、しかも**品なくいやしき**（心情を示す表現・形容詞）さま多し。

同じ三段落に、「調度は～何事かはみごとなりけむ」という反語によって、⑤の生徒Eの「舶来品は生活に風流な楽しみを与えてくれる」とまったく逆の評価が示されている。舶来品が例外というわけではない。⑤の内容と合致しないので、これも正解となる。

解答　――②・⑤

舶来品は、「外国のもの」という意味よ

コラム
目で見る
古文⑥

陰陽道《おんようどう》

庚申待ち《こうしんまち》

庚申の日の夜に寝てしまうと、「三尸《さんし》」という虫が災いをもたらすという考えから、一晩中寝ないで眠らなければいいので、夜通し会食や酒盛りを楽しむ日でもありました。

物忌み《ものいみ》

悪い夢を見たときや、不吉な前兆があったとき、身近な人の死に対面したときなど、身を清めて家に閉じこもりました。

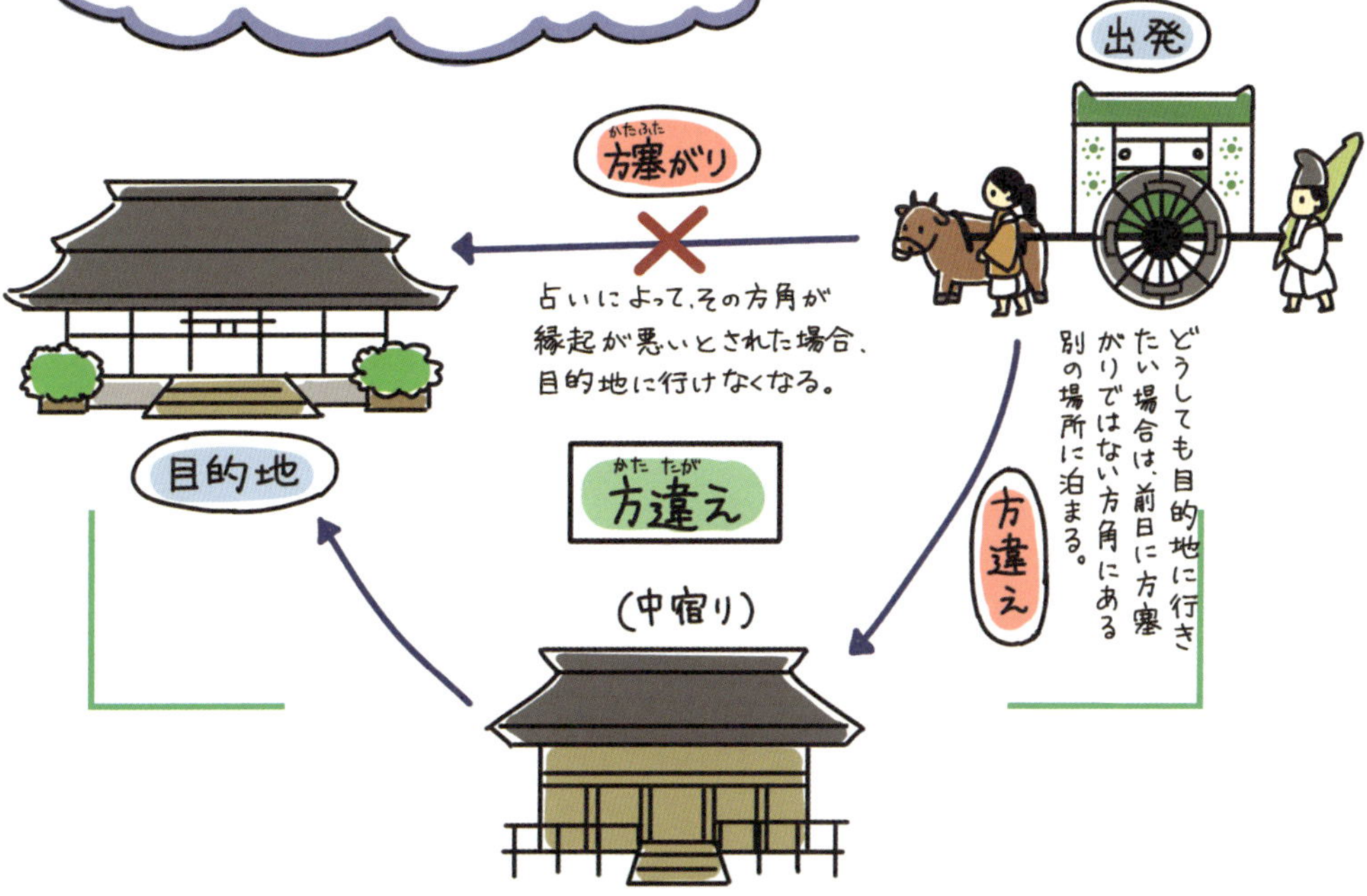

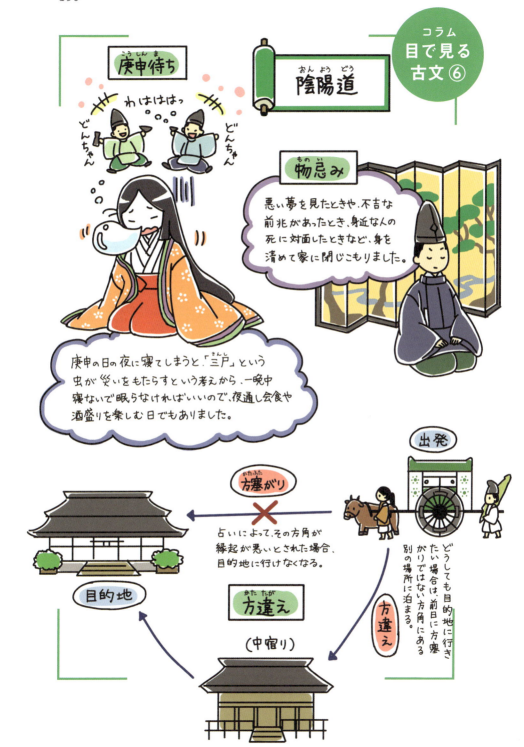

攻略法 10

和歌関連問題①

和歌解釈の方法を身につけよう！

和歌が含まれる文章が出た場合、ほぼ例外なく和歌が設問の対象になっている。「表現の特徴として……」という形での出題もある。なのに、和歌の解釈は難しくてわからない!!　でも、わからない本当の理由は、和歌をどうやって理解したらよいか、その方法をきちんと学んでいないから。その方法を身につければ、理解の度合いは格段に高まるはず。まずは「和歌解釈の方法」を押さえよう。

古文のツボ！

●和歌解釈の方法

1　五・七・五・七・七のリズムに分ける。

→和歌にはリズムがあり、そのリズムで意味の単位も分かれることが多い。

2 文の終わりに相当する部分を見つけ、句点（。）をつける。

◆一番最後につく（区切れなし）。　◆句切れがある場合、（。）は複数つく。
◆倒置法の場合、結句末は（、）になる。

例　一方に袖や濡《ぬ》れまし。旅衣たつ日を聞かぬうらみなりせば、

3 句点（。）の前後を見比べて、その関係をつかむ。

①**句点の後が、前の理由説明**になっている。
→「というのも」「なぜなら」を補うと理解しやすい。
〜だ。（というのも）……だからだ。

②**句点の前後が、順接の関係**になっている。
→「だから」などを補うと理解しやすい。
〜だ。（だから）……だ。

③**句点の前後が、逆接の関係**になっている。
→「しかし」「けれども」などを補うと理解しやすい。
〜だ。（しかし）……だ。

④**句点の前後が、倒置**されている。（2の◆倒置法の場合の**例**参照）

4 解釈のヒントを見つける。

①ヒントは和歌の近くの文章中にある。

・共通テストは和歌を含む文章が出題される。当然和歌の前後にその和歌が詠まれる契機となった事柄が示されるはず。

②ヒントは和歌の近くの和歌の中にある。

・複数の人物が和歌をやりとりする場合、贈られた歌の表現や内容をうけ、返歌を詠む。

5 和歌に頻出の語法（ミ語法・ク語法）に注意！

ミ語法

（「名詞」＋「を」）＋「形容詞の語幹」＋「み」

↓原因・理由を表す

訳し方　（「名詞」が）形容詞ノデ

例　瀬を早み　（訳 川の流れが早いので）

ク語法

「活用語の連体形」＋あく↓名詞化する

訳し方　活用語＋コト

例　なくに　（＝「ず」の連体形「ぬ」＋あく・に）

（訳 ないことなのに）

6 主体を表すことばがなければ、その動作の主体は詠み手自身。

↓和歌は、自らの気持ちを凝縮した表現。

7 意味が通じる文に整える。

和歌って、何を言っているのか、全然わからない…

例題25

和歌の解釈

（父宮は）うち泣き給ひて、

行く末もはるけかるべき別れには逢《あ》ひ見む事のいつとなきかな

とて、「今日はこといみ〔=不吉な言動を慎むこと〕すべしや」と、押しのごひ隠し給ふ。

女君〔=姉君〕、

あふことをいつともしらぬわかれぢはいづべきかたもなくなくぞゆく

と、袖を顔に押し当てて、出でやり給はず。中の君〔=妹君〕、

いづかたに身をたぐへましとどまるも出づるもともに惜しき別れを

我〔=妹君〕は必ずしも、急ぎ出づべきならねど、姫君〔=姉君〕にしばしも立ち離れ聞こえては、いとよりどころなき心地すべきもさる事にて、……

（とりかへばや）

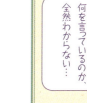

問 傍線部の和歌の解釈として最も適当なものを、次の①～⑥のうちから一つ選べ。

① どこに出ていくのかもわからないこのわが身を何にたとえたらよいのだろうか。吉野に残る父宮、都へ行く姉君のどちらも別れを惜しんでいることだ。

② どこに出て行くのかもわからないこのわが身を何にたとえたらよいのだろうか。この吉野にとどまるにせよ、都へ行くにせよ、どちらにしてもともに名残惜しい別れであることだ。

③ 父宮のもとを出て行く姉君たちにこのわが身を伴わせよう。吉野に残る父宮、都へ行く姉君のどちらも別れを惜しんでいることだ。

④ 父宮のもとを出ていく姉君たちにこのわが身を伴わせよう。この吉野にとどまるにせよ、都へ行くにせよ、どちらにしてもともに名残惜しい別れであることだ。

⑤ 父宮と姉君、そのどちらにこのわが身を伴わせようか。吉野に残る父君、都へ行く姉君のどちらも別れを惜しんでいることだ。

⑥ 父宮と姉君、そのどちらにこのわが身を伴わせようか。この吉野にとどまるにせよ、都へ行くにせよ、どちらにしてもともに名残惜しい別れであることだ。

まず、1・2にしたがって、傍線部の和歌をリズム分けし、文の終わりの部分を見つけ、句点（。）をつける。すると次のようになる。

いづかたに／身をたぐへまし。／とどまるも／出づるもともに／惜しき別れを、

倒置法

第二句末に「。」がつけられ、結句が「惜しき別れを」となっていることから、倒置法と考えることができる。

6により、この歌の「とどまる」「出づる」を含めて、すべて**主体は詠み手自身**に統一されていることがわかる。詠み手は「中の君（＝妹君）」なので、主体も「中の君」となる。「とどまるもいづるも」の部分の主体が「父宮」「姉宮」である①・③・⑤は×とわかる。

（私、中の君（＝妹君）は）**いづかたに**／（**我が**）**身をたぐへまし**。／

主体

（私、中の君（＝妹君）が）**とどまるも**／**出づるもともに**／**惜しき別れを**、

倒置法

主体を「吉野に残る父宮、都へ行く姉君」にしている……×①・③・⑤

まずは、五・七・五…と、リズムで切ってみよう！

次に「いづかたに身をたぐへまし」の「まし」に注目する。p56の**「反実仮想の『まし』の意味」**に照らし合わせてみると、反実仮想のパターンに当てはまらないことから、**「ためらい（の意志）」**の意味となる。

だから「まし」を「ためらい（の意志）」の訳「（しよう）かしら」などとせずに、「〜〜よいのだろうか」と訳す②や「〜〜よう」と訳す④は×になる。

主体
（私、中の君〈＝妹君〉は）いづかたに／**（我が）**身をたぐへ**まし**。／
ためらい（の意志）

② 「我が身を何にたとえたら**よいのだろうか**」……×
④ 「姉君たちにわが身を伴わせ**よう**」……×

消去法でいくと⑥が正解。でも、念のため確認してみよう。**4―②**にあるようにほかの二つの歌、つまり「行く末も……」という父宮の歌、続く「あふことを……」という姉君の歌をヒントに、妹の歌を考えると、

（父宮の歌）行く末も……逢ひ見む事のいつとなきかな
↓
残る父宮が再会期し難い姉君との別れを惜しむ

（姉君の歌）あふことを……なくなくぞゆく
↓
行く姉君が再会期し難い父宮との別れを惜しむ

（妹君の歌）いづかたに身をたぐへまし……
↓
父宮と姉君とどちらに身を添わせようかの迷い・ためらい

父の歌は姉との別れを、それに答える姉君の歌は父との別れを、惜しんでいる歌。とすると、この後に続く妹の歌は、どちらとも別れるわけにはいかない心情が、「いづかたに身をたぐへまし」＝「父宮」と「姉宮」のどちらに「身をそわせようか」という迷い・ためらいという形で表出されていることがわかる。

「たぐへ」（「たぐふ」の未然形）が「たとえる」という意味ではなく「身を伴わせる」意味だということも、この方法でわかる。やはり正解は⑥だ。

解答 ――⑥

和歌って、
すごく技巧が
使われてる！

攻略法
11 和歌関連問題②

和歌の修辞問題…(1) 掛《かけ》詞《ことば》の攻略法

和歌関連問題の中で、和歌の修辞問題もよく出題される。特に「掛詞」は、和歌の掛詞の双方の意味を反映させた解釈を選択させる問題があることからも分かるように、「掛詞」の部分が分からないと和歌の意味が理解できない場合もあり、設問になりやすい。

●掛詞の特徴と見つけ方

1 掛詞とは、同じ部分に重ねられた同音異義語で、一つの歌の中に複数のイメージを組み込んだ技法。

2 上から読んで、急に意味が理解しにくくなる部分に掛詞がある。

→掛けられた双方の意味を解釈に反映しないと理解できない場合が多いため。

3 物（現象事物）と心（心象人事）の掛詞が多い。

例 ながめ（「長雨」＝現象　と　「ながめ」＝心象）

4 掛詞は双方の長さが違う場合もある。

例 おもひ（「思ひ」と「火」）

5 清音・濁音の違いは許容される。

例 おほえ（「大江」と「覚え」）

6 散文の中でも用いられることがある。

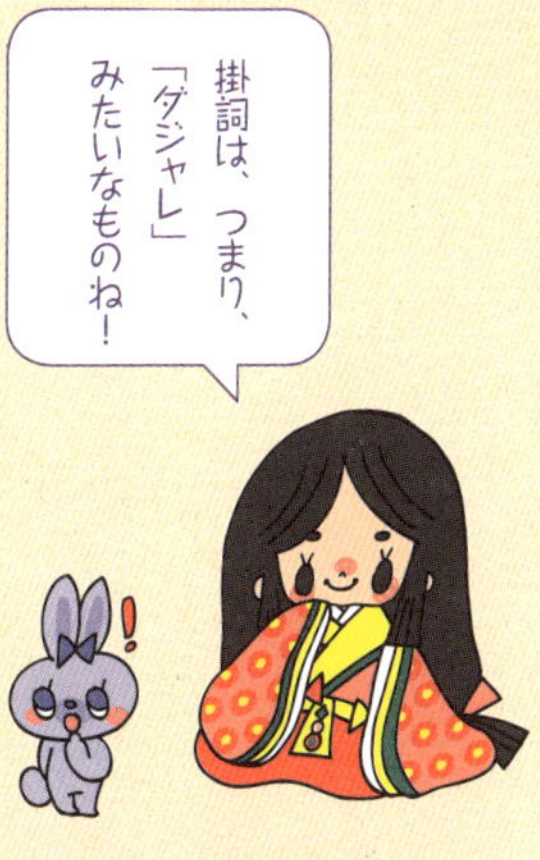

例題26

和歌の修辞／掛詞の指摘

あふことをいつともしらぬわかれぢはいづべきかたもなくなくぞゆく　（とりかへばや）

問　この和歌には掛詞が用いられているが、その掛詞を含む句を、次の①～⑤のうちから一つ選べ。

① あふことを　② いつともしらぬ　③ わかれぢは　④ いづべきかたも
⑤ なくなくぞゆく

和歌解釈の方法（p140）にしたがって、この歌をリズム分けし、文の終わりに相当する部分を探すと、結句末に句点をつけることができる。

つまり、句切れはないから、ストレートに上から読んでいけばよい。

次に掛詞の特徴である「**突然意味が理解しにくくなる部分**」を探すと、第四句と結句、「いづべきかたも」から「なくなくぞゆく」に移っていく部分で意味が理解しにくくなっているだろう。

それは、「いづべきかたもなく」と「なくなくぞ行く」という文脈が、掛詞によって接合されているからだ。「なくなく」の部分に、「無く」と「泣く泣く」とが掛けられている。
だから答えは、⑤。

解答 ―― ⑤

攻略法 12

和歌関連問題③

和歌の修辞問題…(2) 序詞《じょことば》の攻略法

古文のツボ!

●序詞の特徴と見つけ方

1　序詞とは

ウォーミングアップのようなもの。序（いとぐち）として導かれる、イイタイコト（歌の主想）の前に置かれることば。連想をさそって歌の表現を広げる役割。

2　七音以上が通例、十二音・十七音のものが多い。（↔枕詞は五音が通例）

3　導かれることばとの関係は固定していない。（↔枕詞は固定的）

序詞と枕詞は違うよ。
それぞれの特徴を
おさえてね！

4 序詞は三種類に分けられる。

a 比喩式序詞……導かれることばを比喩する序詞。

・格助詞（比喩）の「の」までが序詞。
・「〜の・ように」と訳すことができる部分までが序詞。

（例）
瀬を早み岩にせかるる滝川の（序詞）　われても末に逢はむとぞ思ふ
（の→格助詞）
（川の流れが早いので岩によって分けられる滝川の水のように）

b 類音繰り返し式序詞…導かれることばと類音（または同音）を重ねて、音による面白みを添える序詞。

・繰り返される類音（または同音）の直前までが序詞。

（例）
みかの原わきて流るるいづみ川（序詞）　いつ見《み》きとてか恋しかるらむ

c 掛詞式序詞 ……………… 導かれることばを比喩する序詞。

・掛詞の直前までが序詞。

風吹けば沖つ白波（序詞）**たつ**た山　夜半にや君がひとり越ゆらむ

掛詞（立つ・竜）

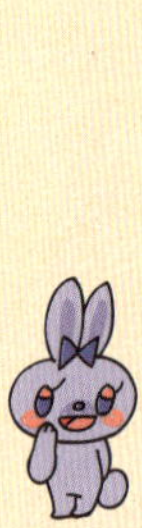

5　散文の中でも用いられることがある。

例題27

和歌の修辞／空欄補充

……可児《かに》永通《ながみち》てふ医師の、あが宿に、たびごろもうらぶれやすめよなど、［ a ］ねもごろにいへれば、いざ、ひと日ふつかもありなむと思ふほどに、［ b ］あさからず、［ c ］ふかきなさけに、なにくれと、［ d ］めやすう馴《な》れむつび、ここらの友どちの円居《まどゐ》に、かたらひなづさひて……。

（来目路《くめじ》の橋）

問 **空欄abcdには、和歌的な修辞法で、意味あるいは音のつながりによって次の言葉を導く語句が入る。その組み合わせとして最も適当なものを、次の①～⑤のうちから一つ選べ。**

① a 木曾《きそ》の麻ぎぬ　b 夏野の草の　c 諏訪《すは》の海の　d 引く網の
② a 引く網の　b 木曾の麻ぎぬ　c 夏野の草の　d 諏訪の海の
③ a 夏野の草の　b 諏訪の海の　c 引く網の　d 木曾の麻ぎぬ
④ a 引く網の　b 諏訪の海の　c 夏野の草の　d 木曾の麻ぎぬ
⑤ a 夏野の草の　b 木曾の麻ぎぬ　c 諏訪の海の　d 引く網の

設問には、**「和歌的な修辞法で」「言葉を導く語句」**と述べられている。これは**「序詞」**か、または**「枕詞」**のこと。選択肢を見てみると、①a「木曾の麻ぎぬ」やb「夏野の草の」は七音なので**「序詞」**のことだとわかる。

また、c「諏訪の海の」やd「引く網の」は七音ではないが、(「七音」が通例だが)それよりも少ないからダメというわけではない。さらに、『来目路の橋』という**散文**に「序詞」が用いられているが、これは5にもあるように許容される。

あとは、それぞれの空欄が、4のどの形式の「序詞」なのかを考えていけばよい。分かりやすい「b」から見てみると、直後の導かれることば「あさからず」の「あさ」と

同音を含む「木曾の麻《あさ》ぎぬ」がこの空欄に当てはまる。ゆえに、①・③・④は×。

類音繰り返し式の序詞

…［b］あさからず

木曾の麻ぎぬ……×　①・③・④
○　②・⑤

掛詞式序詞

…［a］ねもごろに

根
懇ろに（ネッシンニ）

②引く網の……×
⑤夏野の草の……○

残った②・⑤で［a］を見てみると、⑤は「夏野の草の」「根」と「懇《ねもご》ろに」（終止形は「懇ろなり」）の「ね」との**掛詞**になりOK。

しかし②は、「引く網の」比喩式序詞として「引く網ノヨウニ」としても、「ねもごろに」とはつながらない。ゆえに、正解は⑤となる。

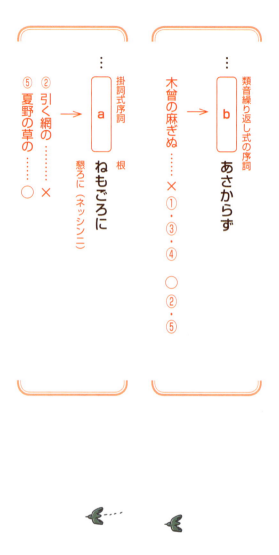

ふれなかった選択肢も確かめてみると、［c］は「諏訪の海の」（＝諏訪湖ノヨウニ）「ふかき」と続く**比喩式序詞**になる。また、［d］は「引く網の」「目」と「目安う」の「目」との掛詞となって続く**掛詞式序詞**になる。

…⑤諏訪の海の（ノヨウニ）→［c 比喩式序詞］ふかきなさけに

…⑤引く網の →［d 掛詞式序詞］め（目／目安う）やすう馴れむつび

解答 ――⑤

合格のための＋α解説

枕詞の特徴と見つけ方

1 枕詞とは、特定の語を導くために冠されることば。

2 通常五音で初句か第三句に用いられる。

3 枕詞はすぐに訳すことができない。

4 「〜の」という形が多い。

例 わがせこが来べきよひなり**ささがにの**蜘蛛《くも》のふるまひかねてしるしも

第三句・「〜の」の訳？

枕詞（「蜘蛛」を導く）

コラム
目で見る古文⑦

夢占《ゆめうら》

平安時代、夢は現実と同じものだと考えられていたため、夢を見たら「夢解き」という人にその夢が何を意味しているのか占ってもらいました。これを「夢占《ゆめうら》」といいます。

古文総合問題

一　次の文章は、『紫式部日記』の一節で、正月二日、公卿達が「上」（清涼殿）に参上なさったところに、「主上《うへ》」（一条天皇）がお出ましになって、管弦の御遊びが始まった場面を叙した部分である。よく読んで、後の問いに答えよ。なお、文中の会話の話し手は、すべて道長《みちなが》である。

上に[a]まゐり給ひて、主上、殿上に出でさせ[b]給ひて、御遊《あそび》ありけり。殿、例の酔はせたまへり。わづらはしと思ひてかくろへゐたるに、「[A]など、御父の、御前の御遊に召しつるに、さぶらはで、いそぎまかでにける。ひがみたり」など、むつからせ給ふ。「ゆるさるばかり、歌一つ仕うまつれ。親のかはりに、初子《はつね》の日なり、詠め詠め」と責めさせ[c]給ふ。うち出でむに、いとかたはならむ。こよなからぬ御酔ひなめれば、いとど御色あひきよげに、(ア)火影《ほかげ》はなやかにあらまほしくて、「年ごろ、宮のすさまじげにて、一ところ[d]おはしますを、(イ)さうざうしく見[e]たてまつりしに、かくむつかしきまで、左右《ひだりみぎ》に見たてまつるこそうれしけれ」と、(ウ)おほとのごもりたる宮たちを、ひきあけつつ見たてまつり給ふ。「[B]野辺に小松のなかりせば」と、うち誦《ず》じ給ふ、あたらしからむ言《こと》よりも、をりふしの人の御ありさま、めでたくおぼえさせ給ふ。

（『紫式部日記』）

注　○**殿上**……清涼殿の殿上の間。　○**殿**……藤原道長。　○**御父**……紫式部の父、藤原為時《ためとき》。

語釈&ヒント

○**かくろへゐたる**＝かくれていた。敬語がつかわれていないことから主体は作者。

○**御父の、**＝「の」の下に読点（、）があることから、直後とつながらない。つまり「の」は主格又は同格。

○**仕うまつれ**＝お詠みせよ。「仕うまつる」には本動詞で「お詠みする」「お作りする」という意味もある。

○**なめれば**＝「なる」（断定の助動詞「なり」の連

○**初子の日**……正月の初めての子の日。この日には小松を引き若菜を食べ、賀歌を詠む習慣があった。
○**かたはならむ**……体裁が悪いだろう。　○**宮**……中宮彰子。
○**一ところおはします**……以前、中宮に子供がいなかったことを指す。中宮は入内後約九年間にわたって子供がなかった。ただし、本文の時点では、中宮には二人の子供が生まれている。
○**ひきあけつつ**……中宮の子供たちの寝床となっている帳台にめぐらせている布をちょいちょいひき開けてのぞくことを指す。
○**野辺に小松のなかりせば**……「子の日する野辺に小松のなかりせば千代のためしになにを引かまし」（拾遺和歌集）による。

問1　傍線部（ア）～（ウ）の解釈として最も適当なものを、それぞれ一つずつ選べ。 [1]～[3]

(ア) 火影はなやかにあらまほしくて [1]

① 燈火《とうか》に照らし出された姿はきわだって美しく理想的で
② 燈火に照らされた辺りの様子はきわだって美しく広い場所が望まれて
③ 燈火に照らされた辺りの様子はきわだって美しくまた静かな場所が望まれて
④ 燈火に照らし出された姿はきわだって美しく長生きして欲しい状態で
⑤ 燈火に照らされた辺りの様子はきわだって美しくもう少しで認められる状態で

体形）の撥音便《はつおんびん》「なん」の「ん」の無表記＋「めり」の已然形＋「ば」。
○**むつかしきまで**＝わずらわしいまでに。
○**左右**＝宮の二人の子供のことをさす。
○**あたらしからむ言よりも**＝（道長殿が口ずさんだ「野辺に」の古歌は）新しい（私が詠むような）歌よりも。
○**をりふしの人の御ありさま**＝時節にぴったりの（古歌を吟詠なさる）道長殿の御ふるまい。
○**おぼえさせ給ふ**＝（私に）思われなさる。（＝私は存じ上げる。）

（イ） さうざうしく　2

① 騒がしいと
② 乱雑だと
③ 寂しいと
④ 思いやられると
⑤ 機敏だと

（ウ） おほとのごもりたる宮たち　3

① 吐き気を催している中宮たち
② 奥に引き籠《こも》っていらっしゃった中宮たち
③ 宿直《とのい》して差し上げている皇子たち
④ お亡くなりになってしまった皇子たち
⑤ おやすみになっている皇子たち

問2　波線部a〜eの敬語のうち、宮に対する敬意を表しているものが二つある。それはどれとどれの組み合わせか。次のうちから一つ選べ。　4

① a「まゐり」とb「給ひ」
② b「給ひ」とc「給ふ」
③ c「給ふ」とd「おはします」
④ d「おはします」とe「たてまつり」
⑤ a「まゐり」とe「たてまつり」

問1（イ）「さうざうし」は現古異義語。

問2 a「まゐる」は本動詞。謙譲語。客体に対する敬意を示す。主体は前書きにあるように公卿達。

b・c「給ふ」は補助動詞。尊敬語。主体に対する敬意を示す。

d「おはします」は本動詞。尊敬語の「おはす」の強め。二重尊敬語に相当する語。主体に対する敬意を示す。主体はかなりの身分・権力のある人。

e「たてまつる」は補助動詞。謙譲語。客体に対する敬意を示す。主体は道長。

問3　傍線部Aの内容について交わした生徒の会話のうち、最も適当なものを、次の①から⑤のうちから、一つ選べ。 5

① 生徒A　この文から、主上は、自分の主催する宴席に、道長が出席しないことを非難して言っていると理解できるね。

② 生徒B　そう、非難はしているよね。でも、主上は、道長が主宰する宴席に、式部が遅刻したことを強く非難しているんじゃないかい。

③ 生徒C　いやいや、道長は、式部の父が主宰する管弦の遊びに、式部が出席しないことを残念に思うと言っていると思うよ。

④ 生徒D　そう、道長が残念に思っていることには違いないと思う。それは、主上が召集した管弦の遊びに、式部の父が出席しないことを言っているということだよ。

⑤ 生徒E　そうだね。道長は、自ら召集した管弦の遊びに、式部の父が遅刻して急いで参上したことを非難しているとわかるね。

問4　傍線部Bの解釈として最も適当なものを、次のうちから一つ選べ。 6

① 都近くの野辺に小松がなかったならば、人々は自らの世の千年の繁栄の証しとして何を引いたらよいのか、釈然としない。

② 子の日には、小松を引くのが通例であるので、その小松を長寿の証しとして皆で引こう。

③ 宮にはいままで若宮たちがいなかったので、私が長生きをしても長寿を祝ってくれるものなど誰もいない寂しい気持ちでいたのだ。

問3　生徒どうしでの話し合い問題。攻略法9（p132）参照。②・③・④・⑤の頷きや反発が、本当に前の生徒の意見に対応しているかを確認。

問4　反実仮想。攻略法3（p54）参照。
「小松」はここでは宮の子供達の比喩となっている。

④　この若宮たちもいずれはいなくなるので、私たちの千年も続くような繁栄の証しを何に求めたらよいか、不安である。
⑤　この若宮たちが私たちの千年も続くような繁栄のまぎれもない証しなのである。

二　次の【文章Ⅰ】、【文章Ⅱ】を読んで、後の問いに答えよ。

【文章Ⅰ】

今は昔、治部卿通俊《みちとし》卿、後拾遺を撰《えら》ばれける時、秦兼久行き向ひて、(ア)おのづから歌などや入ると思ひて、うかがひけるに、治部卿出で居て物語して、「いかなる歌か詠みたる」といはれければ、「はかばかしき候はず。後三条院かくれさせ給ひて後、円宗寺に参りて候ひしに、花の匂ひは昔にも変らず侍りしかば、仕うまつりて候ひしなり」とて、

「A こぞ見しに色もかはらず咲きにけり花こそものは思はざりけれ

とこそつかうまつりて候ひしか」といひければ、通俊卿の、「(イ)よろしく詠みたり。ただし、『けれ』、『けり』、『ける』などいふ事は、いとしもなきことばなり。それはさることにて、『花こそ』といふ文字こそ、女《め》の童《わらは》などの名にしつべけれ」とて、いともほめられざりければ、言葉少なにて立ちて、侍どもありける所に、「この殿は、大方《おほかた》歌の有様知り給はぬにこそ。かかる人の撰集《せんじふ》承りておはするは、(ウ)あさましき事かな。四条大納言の歌に、

語釈&ヒント
○**物語して**＝色々話をして。
○**かくれさせ給ひて後**＝お亡くなりになったあとで。
○**仕うまつりて**……別冊参照。
○**いとしもなきことばなり**＝あまり必要というわけでもないことばである。
○**世の人口にのりて申すめ**

春来てぞ人も訪《と》ひける山里は　花こそ宿のあるじなりけれ
と詠み給へるは、めでたき歌とて、世の人口《ひとぐち》にのりて申すめるは。その歌に、『人も訪ひける』とあり、また『宿のあるじなりけれ』とあめるは。『花こそ』といひたるは、それには同じさまなるに、いかなれば、四条大納言のはめでたく、兼久がはわろかるべきぞ。かかる人の撰集承りて撰び給ふ、あさましき事なり」といひて出でにけり。

侍、通俊のもとへ行きて、「兼久こそかうかう申して出でぬれ」と語りければ、治部卿、うちうなづきて、「さりけり、さりけり。物な言ひそ」といはれけり。

（『宇治拾遺物語』巻一の一〇）

【文章Ⅱ】

撰集に秀歌の漏るるは、常の事なり。悪しき歌の入る、また勝《あ》げて計《かぞ》ふべからず。貫之の「桜散る」の歌、古今ならびに後撰に入らずして、四条大納言は貫之第一の秀歌となす。ただし梨壺の五人の誤りなりや、如何。

後拾遺に究竟《くつきやう》の歌三首漏る。いはゆる堀川右府の歌、

春雨に濡れて尋ねん山桜雲の返しの嵐もぞふく

隆経《たかつね》朝臣の歌

引く駒の数よりほかに見えつるは関の清水のかげにぞありける

兼方朝臣

去年《こぞ》見しに色も変はらず咲きにけり花こそ物は思はざりけれ

これなり。また金葉集三首漏る。いはゆる江帥《がうのそち》の歌、

凍りゐし志賀の唐崎打ち解けてさざ波寄する春風ぞ吹く

故将作の歌

るは＝世間の人々の評判になって（すばらしい歌だと）申し上げているようであるよ。

○**あめるは**＝あるようであるよ。……「あめり」は「ある」（動詞「あり」の連体形）の撥音便「あん」の「ん」の無表記＋「めり」。

○**さりけり、さりけり**＝そうであった、そうであった。

○**勝げて計ふべからず**＝数え上げられないほどである。

○**如何**＝どうであろうか。

わが恋はよしのの山の奥なれや思ひいれども逢ふ人もなし

師俊《もろとし》卿の歌、

　播磨路の須磨の関屋の板庇《いたびさし》月漏れとてやまばらなるらん

この歌は「播磨路」のにくし、「播磨潟」と改めて入れよと申されけるを、作者、然《しか》れば入るべからずと云々。よりてこれを入れず。予これを案ずるに、「潟」は最も神妙なり。ただし「ぢ」にてもこれを除くべからず。相互にこはきことなり。拾遺撰ずるの時、公任卿の「散る紅葉葉をきぬ人ぞ無き」と云ふ歌をば、花山院、「紅葉の錦きぬ人ぞ無き」と直して之を入るべきよし御定めあり。然るべからざるのよし申されければ、本の如くにてこそ入れられたるに、近代の人は諸事かくの如し（藤原清輔『袋草紙』）。

注　○**治部卿通俊卿**……「治部卿」は治部省（戸籍や外交事務などを司る役所）の長官。「通俊」は藤原通俊。　○**後三条院**……後朱雀院《ごすざくいん》の皇子。　○**円宗寺**……後三条院の勅願寺。　○**四条大納言**……藤原公任《きんとう》。和歌・学問にすぐれる。『新撰髄脳《しんせんずいのう》』『和漢朗詠集』の編者。通俊の従兄。　○**春来てぞ**……拾遺和歌集、巻一六に見える。　○**桜散る**……桜散る木の下風は寒からで空に知られぬ雪ぞ降りける　○**梨壺の五人**……『後撰和歌集』の撰者。　○**究竟**《くつきやう》……非常に優れていること。　○**堀川右府**……右大臣藤原頼宗。　○**隆経**《たかつね》**朝臣**……藤原隆経《たかつね》。　○**江帥**《がうのそち》……大江匡房。　○**故将作**……故藤原顕季。　○**師**《もろ》**俊**《とし》**卿**……源師俊。　○**こはきこと**……強情なこと。

○**にくし**＝よくない。

○**神妙なり**＝すぐれて絶妙である。

○**然るべからざる**＝改変してはならない。

○**よし**＝ということ・という内容。……「よし」を理由と訳してはいけない。「よし」は漢字で「旨」とも書く。

問1　波線部（ア）～（ウ）の解釈として最も適当なものを、それぞれ一つずつ選べ。 1 ～ 3

（ア） おのづから歌などや入る 1

① 自分から歌など入集させるはずない
② 自然と歌などに集中することなどできない
③ もしかして歌などが入集するかも知れない
④ 偶然に歌などが脳裏に浮かぶかも知れない
⑤ 当然歌など受け入れるはずない

（イ） よろしく詠みたり 2

① 十分満足できるほどに詠んでいる
② かなりよく詠んでいる
③ ふつうに詠んでしまった
④ 少し劣って詠んでしまった
⑤ 要領よく詠むことができた

（ウ） あさましき事かな 3

① 貪欲な事であろうか
② 下品な事であるはずがない
③ 意外な事になるかもしれない
④ あきれるほどひどい事だなあ
⑤ すばらしい事になる気がする

問1（ア）は多義語。「みづから」と区別する。「おのづから」は無意識的な様子、「みづから」は意識的な様子を表す。

（イ）「よし」「よろし」「わろし」「あし」の違いは？

（ウ）は現古異義語。

問2 傍線部Aの和歌の解釈として最も適当なものを、次のうちから一つ選べ。 4

① これぞと思って感動したものと色も変わらずに桜は咲いた。とすると花は美しく咲くこと以外は何も考えないのだなあ。

② ここに咲いていたと記憶していた同じ場所に花の色も変わらずに桜は咲いた。とすると花は咲くこと以外は何も考えないのだなあ。

③ 去年見た時からずっと色もかわらず桜は咲いているのだなあ。とすると花は散るときの物悲しい気持ちなど知らないのだなあ。

④ 去年私が見たものと色も変わらずに花が咲いたのだなあ。とすると花は、様々な色に咲こうという思慮をもたないのだなあ。

⑤ 去年私が見たものと色も変わらずに花が咲いたのだなあ。とすると花は院の崩御の悲しみから覚めやらぬ私とは違って院が亡くなっても物思いはしないのだなあ。

問3 傍線部Bのようにこの歌の作者が詠んだ理由の説明として最も適当なものを、次のうちから一つ選べ。 5

① 一般に、人が家を訪ねるのはその主人を目当てに訪ねるのであるが、この歌の場合、人々が桜の花を目当てに訪ねるから。

② 一般に、人が家を訪ねるのはその家の花を目当てに訪ねるのであるが、この歌の場合、人々がその主人を目当てに訪ねるから。

③ 桜の花は元来物思いをしない明るい存在であるため、その花によって人々が悩みを解消しようと思って訪ねて来るから。

問2 和歌の解釈の問題は攻略法10（p140）参照。傍線部Aのような歌を詠むに至ったきっかけは、直前の兼久の会話部にある。

「こそ」は重要古語で古文特有語だから、この部分の解釈が問われるワケ。

問3 傍線部Bを含む歌は、二句切れ。句切れ（文の終わり）の前後の関係を考えると、「とすると」「なぜならば」などということばが間に補えるはず。

つまり、春になって人が訪れるのは、花がその山里の主人であるからということになる。当然花が主人のハズはないから、擬人法。花と宿の主

④ 春になると雪が解けて、残った雪が桜の花のように見えて人々がそれを目当てにやってくるから。

⑤ 春になると雪が解けて、人々が訪ねることができるようになる山荘の女主人の名前が「花」であるから。

問4 【文章Ⅰ】と【文章Ⅱ】についての説明として適当なものを、二つ選べ。ただし、解答の順序は問わない。 6 ・ 7

① 【文章Ⅰ】では、兼久の詠歌に対して通俊は、「けり」の多用が一番の難点であると指摘して『後拾遺和歌集』に入集させなかったと述べている。

② 【文章Ⅰ】のような議論があったにも関わらず、兼久の歌が『後拾遺和歌集』に入集しなかったのは、梨壺の五人の誤りかどうかはわからないと【文章Ⅱ】の作者は主張している。

③ 【文章Ⅰ】では、兼久の歌の「花こ」は、女の子の名前にふさわしいと述べたが、【文章Ⅱ】では、その歌を非常に優れた歌であると賞讃している。

④ 【文章Ⅰ】では、通俊の批判に対して兼久は、当時の和歌の権威者公任の歌を挙げて反論した。【文章Ⅱ】でも花山院が結局公任のことばを受け入れているのは、同様に権威者であったからである。

⑤ 【文章Ⅰ】で撰者通俊は、結局自らの間違いに気づいて恥じ入っているが、【文章Ⅱ】にもあるように、秀歌が入集しないことは、めずらしいことではなかった。

⑥ 【文章Ⅱ】では、公任の時代は、改変を拒んでも入集したが、『金曜和歌集』の時代は、作者も撰者も頑固であることが入集しない一因であると述べている。

人との共通点から答えを導こう。

問4 複数文章比較問題。攻略法8（p120）参照。それぞれの対応する部分を吟味しよう。

①は「『けれ』、『けり』、『ける』などいふ事は、いとしもなきことなり」に続いて「それはさることにて」とある。②は、注もよく確認しよう。④・⑥は、【文章Ⅱ】の末尾の作者の主張をしっかり読み取ろう。

「入集」は勅撰和歌集にふさわしいものとして掲載すること。

一

解答

問1	1	①
	2	③
	3	⑤
問2	4	④
問3	5	④
問4	6	⑤

【解説】

問1　語句の意味を問う問題。（ア）は古文特有語の形容詞「あらまほし」（理想的だ・申し分ないの意）、（イ）は現古異義語の形容詞「さうざうし」（寂しいの意）、（ウ）は古文特有語の尊敬語「おほとのごもる」（「寝（ぬ）」の尊敬語）の意味を問うた。すべて暗記すべき語。

問2　文法関連問題（敬語）。a「まゐる」は客体である主上に対する敬意（主体は公卿……前書き参照）。b「給ふ」は主体である主上に対する敬意。c「給ふ」は主体である道長に対する敬意。d「おはします」は主体である宮に対する敬意。e「たてまつる」は客体である宮に対する敬意（主体は道長）。

問3　生徒どうしでの話し合い問題。まず前書きにより道長の会話とわかる。ゆえに①②はバツ。「御父の」は直後の「御前の御遊に召しつるに」を飛び越して「さぶらはで」以下の主語になっている。「父が主宰する管弦の遊びに、式部が出席しない」という生徒Cの主張は誤り。ゆえに③はバツ。「まかで」（終止形「まかづ」）は退出するの意。「参上した」という敬語を理解していない生徒Eの発言は誤り。ゆえに⑤はバツ。

問4　傍線部解釈問題。攻略法3（p54参照）にもあった通り、反実仮想では、逐語訳でなくても事実を語っていれば正解。傍線部は、道長が中宮の子供たちを見ながら口ずさんだ古歌であり、「小松」が「子供」の比喩であることがわかるのである。

　選択肢を吟味しよう。①は反実仮想前半部を「小松」そのままとしてとらえている上に、最終的に「釈然としない。」というように喜びの歌の意味を引き出すことができないので不正解。②は『拾遺和歌集』の歌の意の反実仮想を事実として簡潔にまとめたにすぎない。③は反実仮想の裏返しとしての事実を過去のものとしてとらえ

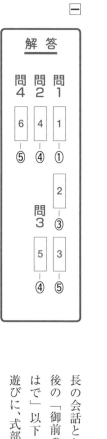

ているので不正解。④も反実仮想の裏返しとしての事実を未来に求め、しかも文意と逆のマイナスイメージとなっているので不正解。

【現代語訳】

(公卿達が)清涼殿へ参上なさって、主上(一条天皇)が、殿上の間におでましになって、管弦の遊びが催された。(道長)殿は、いつものように酔っぱらっていらっしゃる。めんどうなことだと思って、(私は)隠れて座っていると、「なぜ、お父上は、(天皇の)御前での御遊びに召し出したのに、お控えしないで、いそいで退出してしまったのだ。(お父上は)ひねくれている。」などと、腹を立てていらっしゃる。「(その罪が)許されるほどに、(すばらしい)歌を一首(あなた=紫式部が)お詠みせよ。親の代わりに、(それに今日は)初子の日であるし、(さあ)詠め、詠め。」とお責めになる。(父の代わりに歌を)詠み出すようなことも(あまりに憚《はばか》りのない私事になってしまい)体裁が悪いだろう。あまりひどくないお酔いの加減であるようなので、いっそう(お顔の)色合いも美しく、燈火に照らし出された姿はきわだって美しく理想的で、「長年、中宮様が(お子もなく)つまらなそうで、一人でいらっしゃるのを、(私=道長は)寂しいと拝見していたが、こう煩わしいまでに左右に(中宮の子供達を)拝見するのが嬉しいのだ。」と(いいながら)、お眠りになっている若宮たちを、(寝床となっている帳台にめぐらせている布を)ちょいちょいひき開けては拝見なさる。(そして)「……野辺に小松のなかりせば……(……仮に、この若宮たちがいなかったならば、何に私たちの栄華のあかしを求めたらよいのだろうか……。この若宮たちは私たちの千年も続くような繁栄のまぎれもない証しなのである。)」と口ずさみなさる。新しく(私が詠む)ような歌よりも時節にぴったりの(古歌を吟誦なさる)、道長殿の御振る舞いは、立派だと私に思わせなさる(=私は立派だと存じ上げる)。

二

解答

問1 1－③　2－②　3－④
問2 4－⑤
問3 5－①
問4 6・7－②・⑤(順不同)

【解説】

問1 語句の意味を問う問題。(ア)は多義語。「おのづから」には②「自然と」・③「もしかして」・④「偶然に」

の意味がある。兼久は、後拾遺集に入集できるのではと思って披露しに行ったのだから②・④は不適。（イ）の「よろし」は最高の程度ではないが、評価できるという程度を表す。（ウ）「あさまし」は古文特有の語。プラスにもマイナスにも「おどろきあきれるさま」を表す。

問2　和歌関連問題。ヒントにあるように直前の会話から兼久が歌を詠む契機となったのは、後三条院の死。それにも関わらず花は今年も同じように咲いているという対比に注目する。上の句と下の句はこの対比。

問3　和歌がらみの理由説明問題。ヒントにもあるように「花」と「あるじ」の共通点をさぐると、どちらも「それを目当てに人が訪ねるもの」とわかる。①はこれを的確にとらえている。②は「花」と「主人」とが逆。③は「物思いをしない……」という前提が不適切。④は「雪が桜のように見えて」という内容はこの歌からも、他の叙述部分からも読み取れない。⑤は通俊の主張と同等になってしまい、「大方歌の有様知り給はぬにこそ」と批判されることとなる。これでは「めでたき歌とて、世の人口にのりて申す」ことになるはずがない。

問4　複数文章比較問題。①は確かに通俊は「けり」の多用を評価していないが、「それはさることにて」（それはそれとして・それはもちろんとして）もっと重大な難点「花こそ」があると続けている。④・⑥は、『拾遺和歌集』の時代は作者の主張に耳を傾けていたが、『金葉和歌集』の時代は「相互にこはきことなり」（お互いに強情なことである）と述べている。

【現代語訳】

【文章Ⅰ】

今は昔のことになっているが、治部卿の通俊卿が、後拾遺和歌集をお撰びになったときに、秦兼久が通俊卿のもとに出かけていって、もしかしたら自らの歌が後拾遺和歌集に撰集されるのではないかと思って、様子をうかがっていたところ、治部卿が中から出てきて客間にすわっていろいろと話をして、「どのような歌を詠んでいるのか」といわれたので、「これといった歌はございません。後三条院がお亡くなりになった後で、円宗寺に参りましたところ、桜の花の美しさは院が生きていらっしゃった昔にも変わりませんでしたので、おつくり申し上げましたものです」と言って

「去年見たものと色も変わらずに花が咲いたのだなあ。とすると花は院の崩御の悲しみから覚めやらぬ私とは

違って物思いはしないのだなあ。

と、おつくり申し上げました。」と言ったところ、通俊卿は、「かなりうまく詠んでいる。ただし、『けれ』、『けり』、『ける』などということは、あまり良いというわけでもないことばである。もちろん、『花こそ』という文字は、女の子の名前にまさにつけるのがふさわしい。」と言って、あまりお誉《ほ》めにならなかったので、兼久は、言葉少なにその場を立って、家来たちが詰めていた所に寄って、「この（通俊）殿は、全く歌の有様というものを理解していらっしゃらないのであろう。このようなお方が勅撰集の編集の仰せをお受けになっていらっしゃるのは、あきれた事だなあ。四条大納言の歌に

　桜の咲く春が来てはじめて人もたずねて来るのだなあ。

とすると山里は、花がその宿の主人なのだなあ。

とお詠みになったのは、すばらしい歌だと言って、世間の人々の評判になって（すばらしい歌だと）申し上げているようであるよ。その歌に、『人も訪ひける』とあり、また『宿のあるじなりけれ』とあるようであるよ。（私が）『花こそ』と詠んだのは、その歌と同じことであるのに、どうして、四条大納言の歌はすばらしく、兼久の詠んだ歌は良くないはずがあろうか。このような人が勅撰集の編集の仰せをお受けになって歌をお撰びになることは、あきれた事である。」と言ってその場から出て行ってしまった。

　家来は、主人の通俊のもとへ行って、「兼久がこうこう申し上げて出て行ってしまったのです。」と話したところ、治部卿は、うなずいて、「そうであった。そうであった。このことをだれにも言うな。」とおっしゃったということだ。

【文章Ⅱ】

　撰集に秀歌が漏れるのは、いつもの事である。悪い歌が入ることも、また数えあげられないほどである。貫之の「桜散る」の歌が、『古今和歌集』ならびに『後撰和歌集』に入集しないが、四条大納言は貫之第一の秀歌としている。ただし（入集しないのは『後撰和歌集』の撰者）梨壺の五人の誤りであろうか。どうであろうか。

　後拾遺に非常に優れた歌三首が漏れている。いはゆる堀川右府の歌、

　　春雨に濡れて尋ねん山桜雲の返しの嵐もぞふく

隆経《たかつね》朝臣の歌

　　引く駒の数よりほかに見えつるは関の清水のかげにぞありける

兼方朝臣

　去年《こぞ》見しに色も変はらず咲きにけり花こそ物は思は
　　ざりけれ

これである。また『金曜和歌集』にも三首漏れている。いはゆる江帥《がうのそち》の歌、

　凍りゐし志賀の唐崎打ち解けてさざ波寄する春風ぞ
　　吹く

故将作の歌

　わが恋はよしのの山の奥なれや思ひいれども逢ふ人
　　もなし

師俊《もろとし》卿の歌、

　播磨路の須磨の関屋の板庇《いたびさし》月漏れとてやまばらなる
　　らん

この歌は「播磨路」が良くない、「播磨潟」と改めて（『金曜和歌集』に）入れよと申し上げなさったところ、作者（の師俊は）、それならば入集させないでよいと云々。これによって入集させなかったのだ。私はこれを考えたところ、「潟」は最も優れて絶妙である。ただし「ぢ（路）」でもこの歌を入集から除く必要はない。（作者も撰者も）相互に強情なことである。『拾遺和歌集』を撰集するの時、公任卿の「散る紅葉葉をきぬ人ぞ無き」という歌を、花山院が、「紅葉の錦きぬ人ぞ無き」と直して、公任の歌を入集させよという内容のお定めをなさった。改変してはならないという内容を申し上げたところ、もとのままで（『後撰和歌集に』）お入れになったのに、（『金曜和歌集』の）近頃の人はすべてのことがこのように頑固である。

Chapter 2

漢文編

攻略法

0 共通テスト漢文攻略のためのルール

「攻略法1」以降を
読むための
基本知識じゃよ!!

①

S 我《われ》　動V 挑《いど》ムレ　名C 夢ニ

我夢に挑む　「私は夢に挑む」

V　C
〈動詞＋名詞〉↓日本語の語順に直すため、CからVに返る。

＊レ点――直前の一字へ返るときに使う。

②

S 我　動V 誓フ二　名O 努力ヲ一

我努力を誓ふ　「私は努力を誓う」

V　O
〈動詞＋名詞〉↓日本語の語順に直すため、OからVに返る。

＊一・二点――二字以上前へ返るときに使う。

〈V＋O〉や〈V＋C〉など、漢文（＝中国語）の語順は、英語に近いといわれる。しかし、日本語では、**O**（**目的語**）や**C**（**補語**）を先に言い、述語となる**V**（**動詞**）は後ま

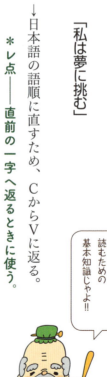

わしにされる。そこで、（漢文を日本語にするときには）返り点が必要になる。

共通テストでは、返り点のない白文を読まされることがあるから、どういう語順で返り点が必要なのかを理解しておくことが非常に大切。

〈動詞＋名詞〉の語順　→名詞に「ヲニト」のいずれかの送り仮名をつけて動詞に返り、日本語の語順に直す。
“ヲニト《（鬼と）》出会ったら返る” と覚える。

③　**我**S **常**ニ副 **夢**ミル二動V **合格**ヲ一名O　　我常に合格を夢みる　「私はいつも合格を夢みている」

この文では「夢」は動詞になっている。動詞だから下の名詞から返る。**同じ漢字でも、語順によって働き（品詞）が異なってくる。**

「常夢」は〈副詞＋動詞〉の語順になっている。漢文の副詞の位置は、日本語と同じく動詞の前だから、副詞は下から返って読むことはない。

④ 我（S）　来年（副）　合二‐格ス（動・V）　大学一ニ（名・C）

我来年大学に合格す　「私は来年大学に合格する」

＊下から返る語が熟語の場合、まとめて読むことを示すために‐（ハイフン）を入れる。

例 合二‐格

この文での「来年」は、「合格」という動詞にかかる副詞として働いている。もちろん「来年」は、名詞にもなるが、時を表す語は文の中では副詞であることが多い。

「忽《たちま》ち」「遽《にはか》に」「竟《つひ》に」「一日（ある日）」、どれも過去のセンター試験で問われた副詞。副詞は、漢文ではしばしば設問の主役になるので、注意して勉強しよう。

⑤ 我（S）　不レ（否）　忘二レ（V）　初心一ヲ（O）

我初心を忘れず　「私は初心を忘れない」

否定の語は、英語と同じように否定する語の前に置かれる。ところが日本語では、「しない、忘れることを」とは言わない。「忘れない」のように、文末に置くことが多いはず。そこで否定詞「不」は、**常に下から返って読む文字（これを「返読文字」といいます）**となった。

「句形別攻略法」の各項で、返読文字に該当するものには **返読文字** とマークした。下か

ら返ることを確認しながら学習しよう。

入試の漢文では、返り点のない白文での設問が出題されることがある。そこで返り点について正しく理解しておくことが、共通テストで〝きめる！〟ための第一歩として大切になる。

漢文のツボ！

○返り点を必要とするケース

❶ 返読文字――常に下から返って読む文字 → ⑤、句形別攻略法 返読文字

❷〈動詞＋名詞〉の語順――〝ヲニト《鬼と》出会ったら返る〟 → ①〜⑤

＊どちらも日本語の語順に直すために返り点をつける。

○返り点の種類

・レ点――直前の一字へ返るときに使う。 → ①⑤

・一・二点（一、二、三…）――二字以上前へ返るときに使う。 → ②③④⑤

・上・下点（上、中、下）――一・二点をはさんで返るときに使う。

欲《ほっ》ス下 為《ため》ニ二 合格ノ一 学バント中 漢文ヲ上

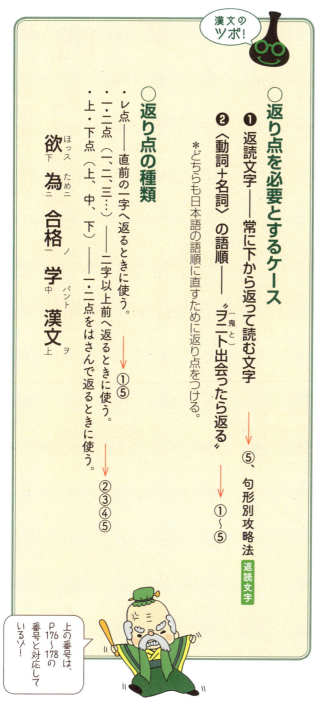

句形別攻略法

攻略法 1 再読文字

返読文字

再読文字といえば、漢文の基本中の基本。旧センター試験の問題にも毎年のように登場していました。この項目は、再読どころか再三読して下さい。特に読み方を混同しないように注意することが大切です。（☆印は、特に重要な句形）

漢文のツボ!

	構文	読み方	訳し方
❶	未《いま》ダ《ず》二 〜 一	未《いま》だ〜ず	「まだ〜しない」
❷☆	将《まさ》ニ《す》二 〜ント 一	将《まさ》に〜んとす	「〜しようとする／〜することになる」

基本中の基本じゃ。何も言わず、覚えてほしいものじゃよ

❸	且《まさ》ニ《す》ニ ～一ント	且《まさ》に～んとす	「～しようとする／～することになる」
❹☆	当《まさ》ニ《べ》シニ ～一	当《まさ》に～べし	❹～❼はすべて、「～しなければならない」または「～するに違いない」と訳す。 *❹「当」は動詞として「あたる」と読む場合もある。下に動詞があることを確かめて、「まさに～べし」と読もう。動詞があるから「べし」につながり、「～しなければならない」と訳せる。 *❻「宜」は「～するのがよろしい」、❼「須」は「～することが必要だ」、のように訳すこともある。
❺	応《まさ》ニ《べ》シニ ～一	応《まさ》に～べし	
❻	宜《よろ》シク《べ》シニ ～一	宜《よろ》しく～べし	
❼	須《すべか》ラク《べ》シニ ～一	須《すべか》らく～べし	
❽	猶《な》ホ《ごと》シニ ～一	猶《な》ほ～ごとし	「まるで～のようだ」
❾	盍《なん》ゾ《ざ》ルニ ～一（何《なん》ゾ不《ざ》ルニ～一）	盍《なん》ぞ～ざる（何《なん》ぞ～ざる）	「どうして～しないのか」／「～したらよかろう」

*❷と❹を混同する人が多い。「将来」「当然」という熟語で覚えておこう。

❶ 未ダレ知ラ
未《いま》だ知《し》らず
「まだ知らない」

❷ 将ニレ来タラント
将《まさ》に来《き》たらんとす
「やって来ようとしている」

❸ 且ニ二出発一セント
且《まさ》に出発《しゅっぱつ》せんとす
「出発しようとしている」

❹ 当ニシレ然ル
当《まさ》に然《しか》るべし
「そうでなければならない」または「そうであるに違いない」

❺ 応ニシ二合格一ス
応《まさ》に合格《ごうかく》すべし
「合格しなければならない」または「合格するに違いない」

❻ 宜シクシレ学ブ
宜《よろ》しく学《まな》ぶべし
「学ばなければならない」または「学ぶのがよろしい」

❼ 須ラクシ二応援一ス
須《すべか》らく応援《おうえん》すべし
「応援しなければならない」または「応援することが必要だ」

❽ 猶ホシレ星ノ
猶《な》ほ星《ほし》のごとし
「まるで星のようだ」

❾ 盍ゾル二勉強一セ
盍《なん》ぞ勉強《べんきょう》せざる
「どうして勉強しないのか、勉強したらよかろう」

【注意点】

1 ❶「未」は、「まだ」の意味を含まないこともある。再読部分は**打消の「ず」**なので、これに接続させる動詞は未然形になっている。

2 ❷「将」と❸「且」は同じ働きをするが、「且」は副詞として「かツ」（「さらに」の意）と読むこともあるので、**文脈・返り点に注意**する。

3 ❷「将」・❸「且」は、推量「ン」をともなって読むので、**これに接続させる動詞は未然形**になっている。

4 ❹「当」・❺「応」・❻「宜」・❼「須」は、ほぼ同様の働きをする。再読部分は**助動詞「べし」**なので、これに接続させる動詞等は終止形（ラ変の場合は連体形）になっている。

5 ❽「猶」は副詞として「なホ」（「尚」と同様の働き）と読むこともあるので、**文脈・返り点に注意**する。

6 「何《なんゾ》不《ざル》二～一」も、❾「盍」と同様の働きをする。

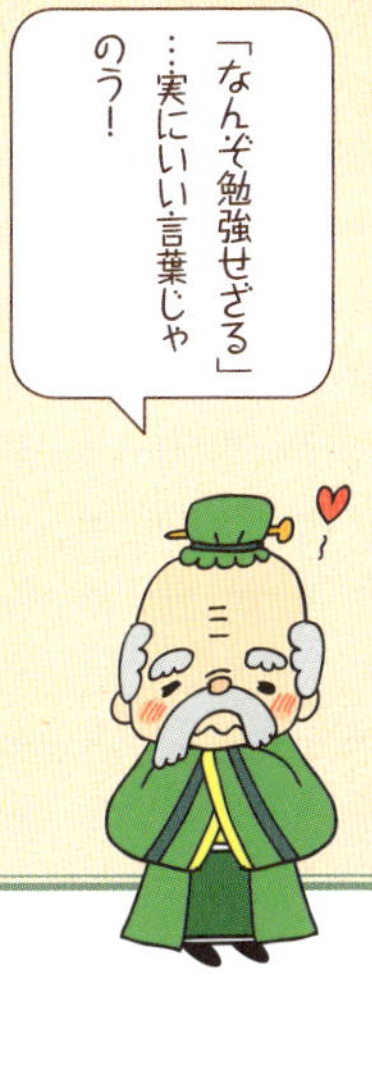

例題1

問「不レ得、且レ苔レ汝」はどう読むか。最も適当なものを、次の①〜⑥のうちから一つ選べ。

① えず、なんぢをむちうつべし
② えず、かつなんぢをむちうたんとす
③ えざるも、まさになんぢをむちうつべし
④ えざれば、まさになんぢをむちうたんとす
⑤ えざれば、しばらくなんぢをむちうつべし
⑥ えざること、なほなんぢをむちうつがごとし

「且」が「将」と同様に「まさに〜んとす」と読む再読文字であることを覚えていれば、答えは簡単である。①は「べし」が不適。②は「かつ」が不適。副詞として「かつ」と読む場合は返り点がつかないし、「かつ〜んとす」という読み方そのものが誤りである。③のように「まさに〜べし」と読むのは、「当」と「応」。⑤のように、「且」を副詞として「しばらく」と読むことは稀《まれ》にあるが、「しばらく〜べし」という読み方はあり得ない。⑥の「なほ〜ごとし」という読み方をするのは、「猶」である。

解答 ——④

口語訳 「手に入らなければ、（罰として）おまえを鞭《むち》打つことにしよう。」

再読文字の読み方「当」

例題2

問「士窮達当レ有二時命一」の読み方として最も適当なものを、次の①〜⑤のうちから一つ選べ。

（注）「時命」…時のめぐりあわせ、さだめ

① 士の窮達は当に時命有らんや
② 士の窮達には当に時命有るべし
③ 士の窮達には当に時命有るべけんや
④ 士は窮するや達して当に時命有らんとす
⑤ 士は窮するも達しては当に時命有るべし

「当」は「まさに〜べし」と読む再読文字だから、②と⑤に絞れるはずだ。①や③のように、**文末を「〜んや」と結ぶと反語の読み方**になってしまう（p220参照）。④は「まさに〜んとす」と読む再読文字「将」・「且」と混同させようというヒッカケの選択肢であ

る。②と⑤で少々迷うかもしれない。「窮達」が現代語と同じく「困窮と栄達」の意味であること、注にある「時命」の意味などから、②が正解となる。

解答　――②

口語訳　「役人が困窮するか栄達するかには、運の善し悪しがあるに違いない。」

例題３　再読文字の読み方「須」

問　「先須三熟読、使二其言皆若レ出二於吾之口一」の書き下しとして最も適当なものを、次の①～⑥のうちから一つ選べ。

① まづまさに熟読し、その言をして皆吾の口より出づるがごとからしむべし。
② まづよろしく熟読し、その言の皆をして吾の口に出づるがごとからしむべし。
③ まづすべからく熟読し、その言をして皆吾の口より出づるがごとからしむべし。
④ まづまさに熟読し、その言の皆をして吾の口に出づるがごとからしむべし。
⑤ まづよろしく熟読し、その言をして皆吾の口より出づるがごとからしむべし。
⑥ まづすべからく熟読し、その言の皆をして吾の口に出づるがごとからしむべし。

「須」は**「すべからく〜べし」と読む再読文字**だから、③と⑥に絞る。ここからが少々難しい。③と⑥を比較すると、「言をして皆」と「言の皆をして」の違いに気づく。これは使役の読み方にかかわる部分である。

使役の「使（しむ）」の後につづく使役の対象は、名詞でなければならない。

名詞だからこそ、格助詞の「をして」がつけられるのである。ところが漢文の「皆」はすべて副詞であり、名詞にはならない。よって、⑥のように「皆をして」と送り仮名をつけて読むことはできないのである。

しかしここまで受験生に要求するのはかなりの難題といえる。なお、「ごとし」に「ごとから」という未然形はないから、「ごとからしむ」という読み方も好ましくなく、「ごとくならしむ」の方が正しい読み方である。「試験でも、時として悪問が出題されることがある」という覚悟はしておこう！

解答 ——③

口語訳 「まず最初に、書物の言葉がすべて自分の口から出たもののようになるまで、熟読する必要がある。」

攻略法 2 使役 返読文字

句形別攻略法

「王が臣下に～させる」「将軍が兵卒に～させる」…と、使役は漢文で最もよく使われる表現の一つで、旧センター試験でもかなりの頻度で出題されていました。使役を制するものが漢文を制する、と言っても過言ではなさそうです。『使・令』を見たら『をして』と『しむ』がポイントです。

下に動詞があるから、「しむ」に接続することができて、「～させる」と使役になるんじゃ

漢文のツボ!

構文	使《し》令 ニ ム A ヲシテ B 一
読み方	AをしてBしむ
訳し方	「AにBさせる」 ＊「使《つかフ》」「令《れいス》」と動詞に読む場合もある。 ❶ 使フレ人ヲ ❷ 令スレ弟ニ

〔構文の要素〕

A（使役の対象を表す名詞）…「をして」を送る。

B（使役の内容を表す動詞）…「しむ」に接続させるために未然形になっている。

【例文】

❶ 使ム二人ヲシテ笑ハ一　人《ひと》をして笑《わら》はしむ　「人を笑わせる」

❷ 令ム三弟ヲシテ読マ二三国志ヲ一　弟《おとうと》をして三国志《さんごくし》を読《よ》ましむ　「弟に三国志を読ませる」

【注意点】

1 「使・令」（しム）は、設問の書き下し文では常にひらがなになっている。

2 使役の対象を表す名詞（A）は、省略されていることもある。

3 使役の内容を表す動詞（B）のあとには、❷のように目的語がつくことが多い。

4 「使・令」の他に、「教・遣・俾」も使役の「しむ」になることがあるが、センター試験ではふり仮名がつき、設問にはならないことが多い。

5 「使・令」等を使わずに、文脈から使役に読むこともあるので、書き下しの選択肢に、「〜しむ」が補われているものが含まれていたら、念のために文脈を確認する。

例題4　使役を表す文字

問「令」と同じ意味、用法を持つ語はどれか。最も適当なものを、次の①～⑤のうちから一つ選べ。

①　使　②　雖　③　被　④　非　⑤　猶

覚えていれば簡単だし、私大でも頻出するタイプの問題だ。当然、正解は①。他の選択肢も重要な語ばかりなので、確認しておこう。

②雖（いへどモ）は、仮定あるいは確定の、逆接接続詞（p251参照）。③被（る・らル）は受身の助動詞（p194参照）。④非（あらズ）は「～ではない」と否定的判断を示す語（p201参照）。⑤「猶」には、副詞の「なホ＝尚」と、再読文字の「なホ～ごとシ」（p181参照）の二つの用法がある。

解答　——①

例題 5

問 **「孰能使二之然一」の読み方として最も適当なものを、次の①～⑤のうちから一つ選べ。**

① 孰《たれ》ぞ能《よ》く之を然らしめん。
② 孰《たれ》の能《のう》か之《ゆ》きて然らしめん。
③ 孰《たれ》か能《よ》く之をして然らしめん。
④ 孰《いづく》んぞ能《よ》く之を然りとせしめん。
⑤ 孰《いづ》れの能《のう》か之をして然らしめん。

使役の読み方である「をして」と「しむ」がそろっているかどうかで、③と⑤に絞る。ところが「能」は、「不」・「未」のついた否定文の場合には「**あたハず**」と読み、そうでなければ「**よク**」と読む（p207参照）のが原則であるから、③が正解となる。

このように読み方の設問は、傍線部の中の句形・語法の知識だけで正解が得られるものが少なくない。ただし、最後に前後の文脈を確認することもお忘れなく。

解答 ―― ③

口語訳 「誰がこれをそのようにすることを可能にしたのか。」

例題6

問 **「聖人不レ能レ使三鳥獣為二義理之行一」は、どう読むか。最も適当なものを、次の①～⑤のうちから一つ選べ。**

① 聖人も鳥獣を使ひて義理の行ひをなすことあたはず。
② 聖人も鳥獣をして義理の行ひをなさしむることあたはず。
③ 聖人も鳥獣のために義理の行ひをなさしむることあたはず。
④ 聖人も鳥獣をして義理の行ひをなすことあたはざらしむ。
⑤ 聖人も鳥獣をして義理の行ひをなさしむることあたはざらんや。

聖人なら、
動物にも道理を
説けるのかの～？

選択肢を一見しただけで、**使役の読み方の「をして」と「しむ」**から、②・④・⑤にしぼれる。ところが、④の「あたはざらしむ」は、原文の返り点から見ても不可能な読み方なのである。**「読み方」・「書き下し」を問う設問では、**このように**返り点がポイントとなる**ケースがあるので注意すること。⑤は「あたはざらんや」が不適。**文末に「～んや」がつくと反語の読み方**になってしまう（p225参照）。

前記のとおり「使」を「つかフ」と読むこともあるが、下に動詞があれば「しむ」に接続させて「～させる」と訳してみることが大切！

解答 ―― ②

口語訳 「聖人でも鳥や獣に道理にかなった行いをさせることなどできはしない。」

合格のための＋α解説

問 傍線部に送り仮名を記せ。

「吾《ガ》瑟鼓《セバ》レ之《ヲ》能《ク》使二鬼神上下一」

右のような問題があった時、どうやって送り仮名を入れたらよいだろうか。

「使」は使役の「しム」なので、迷わずに「ム」と送り仮名をつける。**「使」の直後の名詞は、使役の対象ではないかと考えて「ヲシテ」を送って読んでみる**ことが肝要だ。最後に「上下」は使役の内容を表す動詞として、未然形にした上で送り仮名をつけるべきことが分かる。ちなみに鬼神とは幽霊のこと。

解答 使《ム》二鬼神《ヲシテ》上下《セ》一

攻略法 3 受身

返読文字

「高校の卒業式の日に愛を告白され・て・、大学に入ってしばらくしたら振られ・た・…」青春は甘く切ないものです。しかし、受験は決して受身ではいけません。しっかりと攻略してください。『見・被』『於』『為A～』が今回のターゲットです。

漢文のツボ!

構文	読み方	訳し方
❶ 被見る〔らル〕二 ～一	～る（～らる）	「～される」
❷ ～ル〔ラル〕二 於A一ニ	Aに～る（～らる）	「Aに～される」

「告白されて、振られた」って…受身は悲しいのう

❸	❹
被《る》見〔らル〕レ～二於Aニ一	為《な》ル三A ノ所《ところ》ト二～一
Aに～る（～らる）	Aの～所《ところ》と為《な》る
「Aに～される」 *「見《みル》」「見《まみユ》」「見《あらハス》」のように動詞として読むこともある。下に動詞があるから「る」「らる」に接続ができて、「～される」と受け身になる！	「Aに～される」

〔構文の要素〕
～（受身の内容を表す他動詞）…「何を」されるのかを示す。
A（受身の主動者を表す名詞）…「誰に」されるのかを示す。

【例文】
❶ 見レ許サ
許《ゆる》さる
「許される」

❷ 笑ハル二於友一ニ
友《とも》に笑《わら》はる
「友達に笑われる」

❸ 被ル㆑認メ㆓於世ニ㆒　世《よ》に認《みと》めらる　「世間に認められる」

❹ 為ル㆓人ノ所ト㆑信ズル　人《ひと》の信《しん》ずる所《ところ》と為《な》る　「人に信頼される」

【注意点】

1 ❶・❸「**見・被**」は受身の助動詞で、直後の動詞によって読み分ける。

「**る**」…四段・ナ変・ラ変動詞（未然形がa段音）の未然形接続

「**らる**」…右以外の動詞（未然形がa段音以外）の未然形接続

2 ❷・❸の前置詞「**於**」（＝**于**）は、この場合英語の**by**に相当する働きをして、受身の主動者を示す。主動者Aに「ニ」を送り、「於」そのものは読まない。

3 助動詞「見・被」はひらがなで書き下す。❷では、動詞に受身の助動詞「る・らる」を補って読む。

4 ❹の「**為**」は多くの働きを持つ多品詞語であるが、「**所**」**とセットで登場したら、迷わず受身**を表す慣用句だと判断する。

「為＋所」がでたら、
「受身」の慣用句！
覚えておいて、
損はないゾ！

例題7

「受身」を表す文字

問 「曷《なん》為《すレゾ》見レ召」の「見」の説明として最も適当なものを、次の①〜⑤のうちから一つ選べ。

① 「使」と同じで、「〜させる」という意味である。
② 「被」と同じで、「〜される」という意味である。
③ 「示」と同じで、「しめす」という意味である。
④ 「現」と同じで、「あらわれる」という意味である。
⑤ 「謁見」の「見」と同じで、「まみえる」という意味である。

受身構文を知っていれば何も考えずに②の「被」を選ぶことができるが、念のため**直後が他動詞**になっているか、その他動詞から接続させて**受身の助動詞として読めるか**、文脈から（実際の試験では、短文でなく文章中の傍線部で出題される）**受身に解釈して意味が通るか**どうかの三点を確認すること。
この場合は、この三つの条件に適合するので、「曷為《なんす》れぞ召《め》さるる」と読むことができる。
「曷《なん》為《すレゾ》」は「何《なん》為《すレゾ》」と同じく理由を問う疑問詞で、係助詞「ぞ」の係り結びにより、文末の受身の助動詞「る」は「るる」と連体形で結ばれることになる。ちょっとしたことだが、こういう知識も大事だ。

なお、**「見」は本動詞（「見《み》る」「見《まみ》ゆ」「見《あら》はす」）として使われることもあるので、下に動詞があることを確かめて受身だと判断しよう！**

解答　――②

口語訳　「どうして召し出されたのでしょうか」

例題８

問　**「奪ハレテ二於公論ニ一」の「於」と同じ用法のものを、次の①〜⑤のうちから一つ選べ。**

①　青出二於藍一　②　良薬苦二於口一　③　苛政猛二於虎一

④　君子博学二於文一　⑤　先則制レ人、後則制二於人一

「受身」を表す文字と用法

問題文の送り仮名から、受身の用法のものを選べばよいことが分かる。よって「於」の直前に他動詞、直後に主動者があるものを見つけて、それが受身に読めるかどうかを確認

すれば、⑤が正解となる。

読み方は「先《さき》んずれば則《すなは》ち人《ひと》を制《せい》し、後《おく》るれば則《すなは》ち人《ひと》に制《せい》せらる」。

本来後半には受身の慣用句が使われて、「為二人所一レ制（人《ひと》の制《せい》する所《ところ》と為《な》る）」と表現される。①〜⑤はいずれもことわざ・慣用句としてよく使われている言葉だというのがポイント。他の選択肢の読み方と前置詞「於」の用法は、①青《あお》は藍《あい》より出《い》づ（起点）、②良薬《りょうやく》は口《くち》に苦《にが》し（相手・対象）、③苛政《かせい》は虎《とら》より猛《たけ》し（比較）、④君子《くんし》は博《ひろ》く文《ぶん》を学《まな》ぶ（目的語）だ。

解答 ——⑤

口語訳 「公正な説に（論拠を）奪われて」 ①染料の青は藍から取り出す。②よく効く薬は口には苦い。③苛酷な政治は虎よりも恐い。④君子は広く色々な学問を学ぶものだ。⑤先手を打てば人を支配できるが、後手に回れば人に支配されてしまう。

①は、「出藍《しゅつらん》の誉《ほま》れ」という慣用句で、「弟子が師匠よりも優れていること」じゃ

句法別攻略法

攻略法4 否定

返読文字

様々な表現があって、少々やっかいに感じるのが否定の形ですが、試験問題のほとんどは慣用句として把握していれば片づきます。この習得をおろそかにすることは、「第一志望合格」という夢の実現を否定することになります。（左の表で、☆印は、特に重要な句形）

〈A 単純否定〉

構文	読み方	訳し方・注意点
☆❶ 不《ず》二～一 ＊「不」の代わりに「弗」も使われる。	～ず	「～しない／～ない」 ＊用言を否定。

☆❸	☆❷
非《あら》ズ二～ニ一	無《な》シ二～一 *「無」の代わりに「莫・勿・毋」も使われる。
～に非《あら》ず	～無《な》し
「～ではない」 *否定的判断を示す。	「～がない」 *名詞（相当語）を否定。 *❷禁止の「無《な》かれ」はp.262を参照。

【例文】

❶ 不レ学バ　学《まな》ばず　「学ばない」

❷ 無シレ道　道《みち》無《な》し　「道がない」

❸ 非ズ二恋人ニ一　恋人に非《あら》ず　「恋人ではない」

*❸「非《あらズ》」は否定的判断を示すので、「恋人がいない」ということではない。

?!
「学ばない」とか、
「道がない」とか、
身もふたもない
例文ばかりじゃ

〈B　二重否定〉

構文	読み方	訳し方
❶☆ 無《な》シレ不《ざ》ル（ハ）ニ〜一 ＊「無」の代わりに「莫」も使われる。	〜ざる（は）無《な》し	「〜しないものはない」
❷☆ 非《あら》ズレ不《ざ》ルニニ〜一	〜ざるに非《あら》ず	「〜しないのではない」
❸☆ 不《ず》レ可《べ》カラレ不《ざ》ルニ〜一	〜ざるべからず	
❹☆ 不《ず》レ得《え》レ不《ざ》ルヲニ〜一	〜ざるを得《え》ず	「〜しないわけにはいかない」
❺ 不《ず》三敢《あ》ヘテ不《ず》ンバアラニ〜一	敢《あ》へて〜ずんばあらず	
❻ 未《いま》ダ《ず》三嘗《かつ》テ不《ず》ンバアラニ〜一	未《いま》だ嘗《かつ》て〜ずんばあらず	「〜しないことはなかった」

すべての二重否定に共通なのは、強い肯定になるということじゃ！

❼	未《いま》ダ《ず》三必《かなら》ズシモ不《ず》ンバアラ二～一	未《いま》だ必《かなら》ずしも～ずんばあらず	「～しないとは限らない」
❽	無《な》シ三A トシテ不《ざ》ル（ハ）二～一	Aとして～ざる（は）無《な》し	「どんなAでも～しないものはない」

＊**二重否定は、つまりは強い肯定だ。**解釈が問われて迷ったときには、二つの否定詞の下（～の部分）を強く肯定したいのだと考えよう。それで選択肢が絞れるはず！

【例文】

❶ 無シレ不ル（ハ）レ笑ハ　笑《わら》はざる（は）無《な》し　「笑わないものはない」

❷ 非ズレ不ルニレ笑ハ　笑《わら》はざるに非《あら》ず　「笑わないのではない」

❸ 不レ可カラレ不ルニ勉強セ一　勉強《べんきょう》せざるべからず　「勉強しなくてはならない」

❹ 不レ得レ不ルヲ二反省セ一　反省《はんせい》せざるを得《え》ず　「反省しないわけにはいかない」

❺ 不㆓敢ヘテ不㆒㆑ンバアラ忘レ

敢《あ》へて忘《わす》れずんばあらず

「忘れないわけにはいかない」

❻ 未㆔ダ嘗テ不㆓ンバアラ努力㆒セ

未《いま》だ嘗《かつ》て努力《どりょく》せずんばあらず

「努力しないことはなかった」

❼ 未㆓ダ必ズシモ不㆒㆑ンバアラ疑ハ

未《いま》だ必《かなら》ずしも疑《うたが》はずんばあらず

「疑わないとは限らない」

❽ 無㆓シ花トシテ不㆒㆑ル（ハ）咲カ

花《はな》として咲《さ》かざる（は）無《な》し

「どんな花でも咲かないものはない」

〈C　部分否定〉

構文	読み方	訳し方
❶☆ 不㆓ず常《つね》ニハ〜㆒	常《つね》には〜ず	「いつも〜（する）とは限らない」

句形	読み	意味
❷☆ 不《ず》二必《かならズシモ》～一	必《かなら》ずしも～ず	「必ず～（する）とは限らない」
❸ 不《ず》二尽《ことごとクハ》～一	尽《ことごと》くは～ず	「すべてが～（する）とは限らない」
❹ 不《ず》二甚《はなはダシクハ》～一	甚《はなは》だしくは～ず	「ひどく～（する）とは限らない」
❺ 不《ず》二復《まタ》～一	復《ま》た～ず	「もはや（それ以上）～（し）ない」

【例文】

❶ 不二常《ニハ》有一《ラ》　常《つね》には有《あ》らず　「いつもあるとは限らない」

❷ 不二必《ズシモ》勝一《タ》　必《かなら》ずしも勝《か》たず　「必ず勝つとは限らない」

この本で学んでいるキミは必ず勝つ！

❸ 不二尽クハ正シカラ一　尽《ことごと》くは正《ただ》しからず　「全部正しいとは限らない」

❹ 不二甚ダシクハ楽シカラ一　甚《はなは》だしくは楽しからず　「それほど楽しいわけではない」

❺ 不二復タ疑ハ一　復《ま》た疑《うたが》はず　「それ以上疑わない」

〈C´　全部否定〉

＊否定詞と副詞の語順が逆の場合は、全部否定である。

【例文】

❶ 常ニ不レ有ラ　常《つね》に有《あ》らず　「いつもない」

❷ 必ズ不レ勝タ　必《かなら》ず勝《か》たず　「必ず勝たない（負ける）」

❸ 尽ク不レ正シカラ　尽《ことごと》く正《ただ》しからず　「全部正しくない」

❹ 甚ダ不レ楽シカラ　甚《はなは》だ楽《たの》しからず　「大変に楽しくない」

❺ 復タ不レ疑ハ　復《ま》た疑《うたが》はず　「今回も疑わない」

〈D その他の否定慣用句〉

構文	読み方	訳し方
❶☆ 不《ず》レ可《べ》カラ二～一	～べからず	「～できない」 「～してはならない」
❷☆ 不《ず》レ能《あた》ハ二～一	～能《あた》はず	「～できない」 ＊肯定では「能《よ》く」と読む。
❸ 不《ず》二敢《あ》ヘテ～一	敢《あ》へて～ず	「無理には～しない」 「～したりしない」
❹ 不《ず》二肯《あ》ヘテ～一 不《ず》レ肯《が》ヘンゼ二～ヲ一	肯《あ》へて～ず ～を肯《がへ》んぜず	「～するのを承知しない」 「～する気にならない」 ＊読み方が二通りある。
❺ 無《な》クレ〇ト無《な》クレ×ト 無《な》ク二〇×ト一	〇と無《な》く×と無《な》く 〇×と無《な》く	「〇×にかかわりなく」 「〇か×かを問わず」 ＊〇と×は反対語。

【例文】

❶ 不レ可カラレ怠ル　怠《おこた》るべからず　「怠けてはいけない」

❷ 不レ能ハレ読ム（コト）　読《よ》む（こと）能《あた》はず　「読むことができない」

❸ 不ニ敢ヘテ戦ハ一　敢《あ》へて戦《たたか》はず　「無理には戦わない」

❹ 不ニ肯ヘテ協力セ一　肯《あ》へて協力《きょうりょく》せず
不レ肯ンゼニ協力スルヲ一　協力《きょうりょく》するを肯《がへ》んぜず　「協力する気にならない」

❺ 無クレ貴トレ無クレ賤ト　貴《き》と無《な》く賤《せん》と無《な》く
無クニ貴賤ト一　貴賤《きせん》と無《な》く　「身分の貴賤にかかわりなく」

＊現代語の「男女となく」がこの表現。

二重否定

例題 9

問 「不《ルヲ》レ可《カラ》レ不《ル》レ与《ヘ》」の解釈として最も適当なものを、次の①〜⑤のうちから一つ選べ。

① 与えないこともないというように
② 与えないわけにはいかないように
③ 決して与えてはならないように
④ 全く与えるつもりはないように
⑤ 与えたくてしかたがないように

解答 ―― ②

書き下し 与へざるべからざるを

「不可不〜」が、「〜しないわけにはいかない」の意味の二重否定の慣用句（B-③参照）である。この点さえ理解していれば、簡単な問題だ。句形の知識を問う問題では、確実に得点することが合格の条件となる!!

例題 10　否定詞が条件を示すケース

問　**「非二六十万人一不レ可。」の読み方として最も適当なものはどれか。次の①〜⑤のうちから一つ選べ。**

① 六十万人に非ざれば可ならず。
② 六十万人に非ずして可ならず。
③ 六十万人を非として可とせず。
④ 六十万人に非ずして可ならざらんや。
⑤ 六十万人を非として可とせざらんや。

「〜非」は、「〜に非ず」と読んで、「〜ではない」と訳す否定詞（A－③参照）。「〜を非とす」と読むのは、入試漢文によくあるヒッカケなので注意しよう。これで選択肢を①②④に絞れる。

さらに、④⑤は文末の「んや」が不適切。「豈」「安」などの反語の句形（p220参照）になっていないときに、文末に「んや」を補っているものは、頻出のヒッカケだ（p281、**「読み方」・「書き下し」の設問、解法マニュアル**参照）。

さて、残るは①②をどう判断するかだ。少々難しいが、こんなルールがある。

〈一つの文に二つの否定詞があり、しかも二重否定表現ではないとき→前半は条件で、後半は結果を表す〉試験でも頻出しているので、覚えておこう！

[例] **不《ざ》レバレ到ラ二長城一ニ、非《あら》ズ二好漢一ニ**

《条件》　《結果》

長城に到らざれば、好漢に非ず

「(中国人として一度は)長城に登らなければ、りっぱな男子ではない」

「ご飯を食べなければ、大きくならない」「この参考書で勉強しなければ、合格できない」といった日本語も、このルールどおりになっている。

よって、ここでも、前半に条件の「ば」を読んでいる①が正解となるのだ。

解答　——①

口語訳　六十万人でなければだめだ

句形別攻略法

攻略法5 疑問

どうして勉強するのか？　漢文など勉強して何の役に立つのか？　…若い頃はあれこれ疑問を持ち、悩むものです。悩むことが青春なのかもしれません。どうか皆さんがめでたく大学に合格して、悩み多き青春を楽しくのびのびと過ごせますように！　**疑問詞はすべて反語にもなります。**「攻略法6」の反語と比較して学びましょう。

漢文のツボ!

構文	❶☆ 何《なんゾ》～（哉《や》）
読み方	何《なん》ぞ～（や）
訳し方	「どうして～のか」

疑問に思う暇があったら、この句形を覚えることじゃ！

❷☆	何《なん》為《す》レゾ～（乎《や》）	何《なん》為《す》れぞ～（や）	「どうして～のか」
❸☆	何《なに》ヲ以《もっ》テ（カ）～（耶《や》）	何《なに》を以《もっ》て（か）～（や）	「どうして～のか」 「どうやって～のか」
❹	誰《たれ》カ～（邪《や》）	誰《たれ》か～（や）	「だれが～のか」
❺	孰《いづ》レカ～（也《や》）	孰《いづ》れか～（や）	「どちらが～のか」
❻	安《いづ》クニカ～（哉《や》）	安《いづ》くにか～（や）	「どこに～か」
❼	～乎《か》	～か	「～か」

＊❶「何」と❷「何為」が疑問か反語かを判断させる問題が頻出している。攻略法6の反語と合わせて理解しておこう。

【例文】

❶ 何《ゾ》恐《ルル》（哉）　何《なん》ぞ恐《おそ》るる（や）　「どうして恐れるのか」

❷ 何為《レゾ》笑《フ》（乎）　何為《なんす》れぞ笑《わら》ふ（や）　「どうして笑うのか」

❸ 何《ヲ》以《テ（カ）》恥《ヅル》（耶）　何《なに》を以《もっ》て（か）恥《は》づる（や）　「どうして恥じるのか」

❹ 誰《カ》往《ク》（邪）　誰《たれ》か往《ゆ》く（や）　「誰が行くのか」

❺ 孰《レカ》美《シキ》（也）　孰《いづ》れか美《うつく》しき（や）　「どちらが美しいのか」

❻ 安《クニカ》在《ル》（哉）　安《いづ》くにか在《あ》る（や）　「どこにあるのか」

❼ 望《ム》乎　望《のぞ》むか　「望むのか」

＊❻「安」が反語（p221参照）ではなく、「いづくにか」（どこに）と場所を問うのは、「安《クニカ》在《ル》」「安《クニカユク》之」に限られると考えておけばＯＫ！

★頻出疑問慣用句

何如《いかん》・何若《いかん》　「どのようか」
如何《いかんセン》・若何《いかんセン》・奈何《いかんセン》　「どうしようか」
何《なんゾ》也《や》・何《なんゾ》哉《や》　「なぜだ」
何《いづレノ》処《ところ》　「どこ」
幾何《いくばく》　「どれほど」

【注意点】
1 ❶〜❼の「哉・乎・耶・邪・也」はどれも同じものである。
2 ❶〜❻のように**疑問詞を使う疑問文では、**文末を連体形で結び、注意点1にあるような助詞があれば、「や」（間投助詞）を添えて強調する。
3 ❼のように文末の助詞だけで疑問を表す場合は、〈連体形＋か〉と結ぶ。
4 ❶「何」は「胡・奚・曷」でも同じである。
5 ❶「何」は「なんゾ」と読んで理由を問う場合が多いが、文脈によっては、以下のように読み分ける。「なにヲ（なにを）」・「なんノ（どんな）」・「いづレ（どちら）」・「いづク（どこ）」。
6 ❷「何為」は「胡為・奚為・曷為」でも同じである。

7 ❸「何以」は、「どうして」と理由を問う場合と「どうやって」と方法を問う場合がある。

8 ❺「孰」は、❹「誰」と同様に「たれカ」と読むこともある。

9 ❻「安」と同様の働きをするものに「悪・焉」等がある。

10 すべての疑問文は、文脈しだいで反語にもなる。p217とp224の判別法を確認しておくこと。

例題11

問「何ヲ以テカ知ルレ之ヲ」の意味として最も適当なものを、次の①～⑤のうちから一つ選べ。

① それがわかるはずがあるだろうか　② そのことがいつわかったのか
③ 何としてもそれを知りたいのか　④ どうしてそれがわかるのか
⑤ 誰《だれ》がそれを教えてくれたのか

疑問詞の訳し方

「何以」は、「どうして」と理由を問う場合と、「どうやって」と方法を問う場合がある（③参照）。ここから、②「いつ」、③「何としても」、⑤「誰が」が除外できる。①は反語のような解釈になっている。「何以」に限らず、すべての疑問詞が疑問にも反語にもなる。

文脈を見ることも大切だが、漢文では疑問と反語を読み分けするのでこれをしっかりおさえておこう。ここは、送り仮名から疑問文。

《疑問詞――文末連体形（＋や）》→疑問

《疑問詞――文末「ん（＋や）」》→反語

解答 ――④

書き下し 何を以《もっ》てかこれを知る

「どうして？」と
聞かれてもなぁ。
わかるから
わかるんじゃよ

例題12

問　「何《ゾ》不《ル》下縄《モテ》懸《ケテ》二此《ノ》物《ヲ》一、以《テ》レ銃《ヲ》発《シテ》二鉛丸《ヲ》一撃《タ》上レ之《ヲ》」の解釈として最も適当なものを、次の①〜⑤のうちから一つ選べ。

①　どうしてこの物（冑）を縄でつるし、銃弾で撃たないことがあろうか。
②　どうしてこの物（冑）を縄でつるし、銃弾で撃たないのか。
③　どうしてこの物（磁器の破片）を縄でつるし、銃弾で撃たないのか。
④　どうしてこの物（冑）を縄でつるさずに、銃弾で撃つことができようか。
⑤　どうしてこの物（磁器の破片）を縄でつるさずに、銃弾で撃つことができようか。

「何」も疑問の場合と反語の場合がある。ここは文脈と文末の読み方から疑問だと判断できるので、反語になっている①④⑤を除外する。ここまで絞れたら本書では○とする。前後を見れば、③が正解となることがわかる。

解答　――③

書き下し　何ぞ縄もて此の物を懸けて、銃を以《もっ》て鉛丸を発して之を撃たざる

疑問か反語か、
文脈と文末から
判断するんじゃゾ！

コラム 目で見る漢文①

儒家
孔子の人生
十五にして学問を志し
三十にして見解が確立し
四十にして迷うことがなくなった
五十にして天命を知る
六十にして何を聞いても動じなくなった
七十になってからは心のままにしても道に外れなくなった
徳
孟子・荀子の思想の違い
人性の善なるはなほ水の下きに就くがごとし
善
際限のない欲望をもつ人間の性を「礼」によって矯正
＝
礼治主義
金
欲
快楽
悪
善
現実主義
荀子
理想主義
孟子
「性悪説」人の本性は「悪」である
「性善説」人の本性は「善」である

攻略法 6 反語

「夢をあきらめない」という否定表現より、「どうして夢をあきらめたりしようか（いや、そんなことはしない）」という反語表現のほうが意味が強まります。筆者や登場人物の主張が端的に表現されるのが反語です。試験で頻出する「豈」と「安」には、特に注意しましょう。

構文	❶☆ 豈《あ》ニ～ン（哉《や》）
読み方	豈《あ》に～んや
訳し方	❶～❺すべて「どうして～しようか、いや～しない」

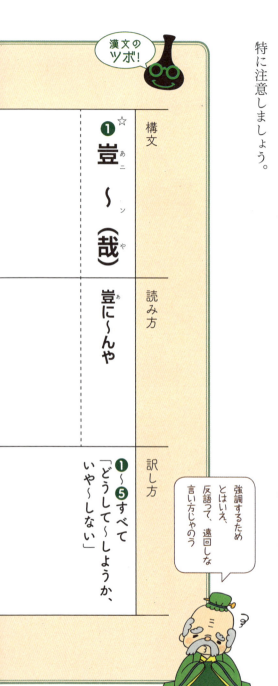

❷☆	❸☆	❹☆	❺☆	❻	❼	❽
安《いづく》ンゾ～ン（乎《や》）	何《なん》ゾ～ン（耶《や》）	何《なん》為《す》レゾ～ン（邪《や》）	何《なに》ヲ以《もっ》テ（カ）～ン（也《や》）	誰《たれ》カ～ン（哉《や》）	可《べ》ケン二～一乎《や》	～ン乎《や》
安《いづ》んぞ～ん（や）	何《なん》ぞ～ん（や）	何《なん》為《す》れぞ～ん（や）	何《なに》を以《もっ》て（か）～ん（や）	誰《たれ》か～ん（や）	～べけんや	～んや
				「だれが～しようか、だれも～しない」	「～できようか、いや～できない」	「～しようか、いや～したりはしない」

*❶「豈」は、まれに「～か」「～んか」と結んで「ひょっとしたら～か」の意味の推量表現となる。センターでも出たことがある。念のために確認しよう。

【例文】

❶ 豈ニ忘レン（哉）

豈《あ》に忘《わす》れんや

「どうして忘れようか、忘れたりしない」

＊❶前記のとおり、豈に忘るるか（忘れんか）と読めば、推量となる。

❷ 安ンゾ後悔セン（乎）

安《いづく》んぞ後悔《こうかい》せん（や）

「どうして後悔しようか、いや後悔などしない」

❸ 何ゾ恐レン（耶）

何《なん》ぞ恐《おそ》れん（や）

「どうして恐れようか、恐れたりしない」

❹ 何為レゾ笑ハン（邪）

何為《なんす》れぞ笑《わら》はん（や）

「どうして笑おうか、いや笑いはしない」

❺ 何ヲ以テ（カ）恥ヂン（也）

何《なに》を以《もっ》て（か）恥《は》ぢん（や）

「どうして恥じようか、恥じたりはしない」

❻ 誰《カ》往《カン》(哉)

誰《たれ》か往《ゆ》かん（や）

「誰が行こうか、誰も行かない」

❼ 可《ケン》レ知《ル》乎

知《し》るべけんや

「知ることができようか、いやできはしない」

❽ 疑《ハン》乎

疑はんや

「疑うだろうか、いや疑ったりはしない」

【注意点】

1 ❶～❼の「哉・乎・耶・邪・也」はどれも同じものである。

2 反語は文末を「～ん」または「～んや」と結ぶのが特徴である。

＊「ん」は推量の助動詞なので直前は未然形になっている。

3 ❶「豈」は、文末に「哉」等がなくても必ず「～んや」と結ぶ。

4 ❷～❻は文末の助詞（「哉」等）がなければ、「～ん」・「～んや」のどちらでもよい。

5 ❷の「安」は「悪・焉」でも同じである。❸の「何」は「胡・奚・曷」でも同じである。

6 ❹の「何為」は「胡為・奚為・曷為」でも同じである。

例題13

問 **「豈 為レ 是 哉」の読み方として最も適当なものを、次の①〜⑤のうちから一つ選べ。**

① あにぜとなさんや
② あにぜをなさんかな
③ あにこれをなさんかな
④ あにこれがためなるかな
⑤ いづくんぞぜとなさんや

文末に注目してみること。それだけで答えが絞れるはずじゃ!

反語として文末だけを見て、すんなりと①と⑤に絞れただろうか。

反語表現では「んや」があるものを選べれば知識は確実なものとなっている。正解は①で、⑤は「豈」の読み方が間違っている。基本はしっかり押さえるべきだ。

①の解釈は、「どうして正しいと判断しようか、いや正しくはない」。

とにかく、**試験では〈文末の「んや」は反語〉が得点につながる**のだ。

ただし、前記のとおり、「〜か」「〜んか」と読んで「ひょっとしたら〜か」と訳す推量表現になることもあるので、念のため、文脈を確認しよう。

文末に「ん（や）」があれば反語↕反語表現は必ず「～ん（や）」と読む！

解答 —— ①

例題14 「反語」の解釈

問 「城中安ンゾ得レンヤ有二ルヲ此ノ獣一」の解釈として最も適当なものを、次の①～⑤のうちから一つ選べ。

① 城中にこんな獣がいて安全といえるのだろうか
② 城中は安全なのでこんな獣が多いのだろうか
③ 城中にこんな獣がいるはずがないではないか
④ 城中にどうしてこんな獣がいるのだろうか
⑤ 城中にこんな獣がいるのは当然ではないか

「安」は反語の副詞（②参照）。①②の「安全」はよくあるヒッカケだ。④は疑問の解釈になっている。「安得〜」という反語表現は、事実において「不得〜」という否定表現と同じになる。

よって、「安得有〜」は、「不得有〜」（〜有るを得ず）、つまり現代語の「ありえない」と同じ意味になる。ここから、この部分だけを見ても正解は③とわかる！

解答 ―― ③

書き下し 城中安《いづく》んぞこの獣有るを得《え》んや

反語の解釈で迷ったときは、反語の副詞を否定詞に置き換えてみよう！

ⓐ どちらも「笑わない」という事実については、かわりはない。

安ンゾ笑ハンヤ
＝
不レ笑ハ

(b)「笑ってはいけない」という事実については、かわりはない。
豈ニ可ケンヤレ笑フ
＝
不レ可カラレ笑フ

反語問題で、「どうして～しようか、いや～しない」という、公式どおりの解釈が正解になることは少ない。

「～するはずがない、～するわけがない」のように、強い否定として訳すものが正解となることが多い。**反語は強い否定**だと認識しておこう。

試験では
ひっかけ問題も
多いから、
注意が必要じゃゾ！

攻略法 7

比較

返読文字

「A大はB大よりも難しい」「アイツはオレよりも偏差値が高い」と、受験生の皆さんにとって、「比較」はとかくストレスのもとになるものです。来年はぜひこんなヒカクの世界から抜け出し、飛躍の年にしたいですね。「しかず」と「〜よりも」が試験で問われる比較です。

漢文のツボ!

構文	❶ (A)《ハ》不《ず》レ如《しカ》B《ニ》 (A)《ハ》不《ず》レ若《しカ》B《ニ》	
読み方	(Aは)Bに如《し》かず (Aは)Bに若《し》かず	
訳し方	「(Aは)Bに及ばない。」 「(Aより)Bの方がよい。」	

「不《ず》レ如《しカ》」を、「〜でしかない」のように誤訳する人がいるゾ。注意!!

❷	無《な》シレ如《し》クハレBニ 莫《な》シレ如《し》クハレBニ 無《な》シレ若《し》クハレBニ 莫《な》シレ若《し》クハレBニ	Bに如《し》くは無《な》し Bに如《し》くは莫《な》し Bに若《し》くは無《な》し Bに若《し》くは莫《な》し	「Bに及ぶものはない。」 「Bが一番だ。」
❸	Aハ～二於Bヨリ(モ)一	AはBより（も）～	「AはBよりも～だ。」
❹	莫《な》シレ～ハ二於Bヨリ(モ)一 無《な》シレ～ハ二於Bヨリ(モ)一	Bより（も）～は莫《な》し Bより（も）～は無《な》し	「Bより～なものはない。」 「Bが一番～だ。」

＊❶の形は、まれに「不《ず》レ如《ごとクナラ》」と読むことがあります。現代語の「不如意《ふにょい》」は、「意のごとくならず」（思いどおりにならないこと）です。

【例文】

❶ 百聞ハ不レ如カ二一見ニ一　百聞《ひゃくぶん》は一見《いっけん》に如《し》かず　「何度耳で聞いても、一度目で見ることには及ばない」

❷ 莫シレ若クハレ飲ムニレ酒ヲ　酒《さけ》を飲《の》むに若《し》くは莫《な》し　「酒を飲むのが一番だ」

❸ 長江ハ長シ二於黄河ヨリ(モ)一　長江《ちょうこう》は黄河《こうが》より（も）長《なが》し　「長江は黄河よりも長い」

❹ 無シレ貴キハ二於人命ヨリ(モ)一　人命《じんめい》より（も）貴《たっと》きは無《な》し　「人命より貴いものはない」

【注意点】

1 ❶・❸は比較級の形、❷・❹は最上級の形である。

2 ❶・❷のBは名詞または活用語の連体形である。

3 ❸・❹の「於」は「于・乎」でも同じで、多くの用法を持つが、比較の場合は**英語**の than **の働き**をする。

4 ❸・❹では「於」**の直前**（〜）に形容詞・形容動詞がくる。

5 「於」は場所・対象を表す等の用法もあるが、試験の設問では、ほとんどが比較か受身（p194参照）。

例題15

「比較」内容の吟味

問 「賢《ナル》二于己《ヨリ》一者」と「等《シキ》二于己《ニ》一者」がいる。己を基準に比較して三段階の人をそろえるためには、残りは次のどれにすればよいか。最も適当なものを、次の①〜⑤のうちから一つ選べ。

① 不《ル》レ知《ラ》レ己《ヲ》者
② 類《スル》二于己《ニ》一者
③ 勝《ル》二于己《ヨリ》一者
④ 不《ル》レ如《カ》レ己《ニ》者
⑤ 不《ル》レ好《マ》レ己《ヲ》者

比較だと、違いが
明確になるから
嫌じゃのう…

「于」は「於」と同じものであるから、これを使って比較を表すこともある。「自分より賢い人」と「自分と同等の人」がいるのだから、三段階の人にするためには「自分以下の人」が必要である。①と⑤は比較になっていないし、②と③では三段階にならない。

解答　――④

口語訳　自分より劣っている者

例題16　「比較」構文を含む文の意味

問　「人莫シレ患《うれ》ヒナルハ三乎自ラ以テ為スヨリ二孔子ト一」とは、どういう意味か。最も適当なものを、次の①～⑤のうちから一つ選べ。

① 人は自ら孔子のような人物となるように努めることほどつらいことはない。
② 自分が孔子のような人物となれるかどうかについては、心をわずらわすことはない。
③ 自分を孔子のような人物であると思うと、うれいはなくなる。
④ 最も心配なことは、自分が孔子のような人物になれるかどうかである。
⑤ 最も憂慮すべきことは、人が自らを孔子のような人物と思い込むことである。

「乎」も「於」と同様の働きをすることがある。この場合は送り仮名から最上級の形を表しているとわかる。②・③は比較の解釈になっていないから除外する。

次に「以為二〜一」は「もってテ〜トなス」と読み（熟語として「おもへラク」と読むこともある）、「〜と思う」と訳す慣用句であるから、①と④を除外する。これも試験頻出の表現なのでしっかり覚えておこう。（p275参照）

解答 ——⑤

書き下し 「人《ひと》自《みづか》ら以《もっ》て孔子《こうし》と為《な》すより患《うれ》ひなるは莫《な》し」

誰もがワシのように
なれるわけでは
ないんじゃって!?

合格のための＋α解説

「如」と「若」の用法……比較以外にも、多くの用法があるので注意が必要！

a ごとシ（〜のようだ） → 如《ごとシ》レ花ノ　如《ごとシ》レ此《か》クノ・如《ごとシ》レ是《か》クノ・若《ごとシ》レ此《か》クノ・若《ごとシ》レ是《か》クノ

b もシ〜バ（もし〜ば） → 如《もシ》〜バ　如《もシ》〜バ（p250参照）

c いかん（どう思うか）
いかんセン（どう思うか） → 何《い》如《かん》　何《い》若《かん》・如《い》何《かんセン》（p215参照）

＊「若」には、二人称代名詞の「なんぢ」（＝汝）と読む場合がある。また、**「若」は、漢文では「わかシ」とは読まない。**注意！

コラム
目で見る漢文②
道家
知る者は言わず、言う者は知らず
老子《ろうし》
とは言ったものの…『老子』上下巻5,000余字を書いたとされる
「和光同塵《わこうどうじん》」
優れた才能を隠して世俗と交わること
「無為自然」
人為を廃し、自然であること
道
無為
「無知の知」
知らないのに知ったふりをするのは最もよくない
知
知
…
?
荘子《そうじ》
NO
仕官?
悠々自適に暮らす
妻が死んだとき…
妻が死んで土にかえるのは道理
「万物斉同」
生⇔死
善⇔悪
美⇔醜
といった価値観は意味のないもの
荘子の「無為自然」
俗世を離れ、無為の世界に遊ぶ
[老荘思想の影響]
魏末に流行した「清談」も老荘思想に基づいたもの
竹林の七賢
「胡蝶の夢」
Z Z
Z Z
蝶の夢?
荘子の夢?

句法別攻略法

攻略法 8

限定

「僕が入れるのはこのレベルの大学だろう」などと考えてはいませんか？ このような考えを持つのは自分の実力を見限り、伸びる可能性を自ら限定する行為です。夢は大きく、目標は高く、それが力にもなります。限定形は「ただ」「のみ」と読めば訳せます。とにかく読み方に要注意です。

漢文のツボ!

構文	読み方	訳し方
❶ 限定の副詞を使う 唯《ただ》ダ	唯《ただ》唯《た》だ～（のみ）	「ただ～（だけ）」

自分の可能性は、「限定」しないでほしいのう…

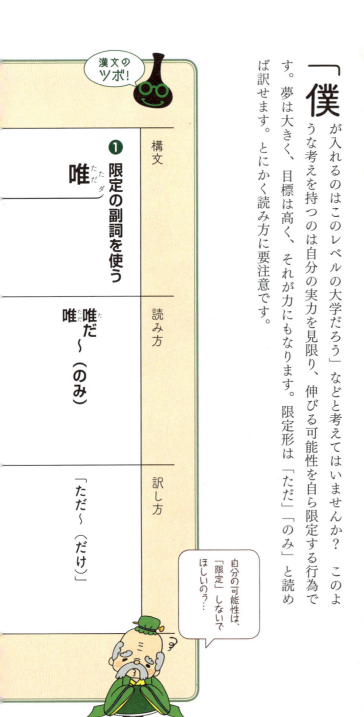

惟・但・只 ～（ノミ） 独《ひとり》 ～（ノミ）	＊「但」は、漢文では「ただし」とは読まない。 ＊「只」は、「只今《ただいま》!」の「只」。 独《ひと》り～（のみ） ＊文末に助詞の「のみ」を補って読むことが多い。	

❷ 限定の助詞を使う

～ 而《の》已《み》・耳《のみ》・爾《のみ》	～のみ	「～だけ」 「～に他ならない」

＊「耳」はもちろん「耳《みみ》」の意味ですが、中国語での発音が「而已」と同じであるために、助詞の「耳《のみ》」としても使われるようになりました。

❸ 副詞と助詞を併用する		
唯《ただ》ダ～耳《のみ》 独《ひと》り ＊併用パターンは、❶・❷であげた語のすべての組み合わせがある。	唯《た》だ～のみ 唯《ただ》～のみ 独《ひと》り～のみ	「ただ～だけ」

【例文】

❶ 唯ダ学ブ（ノミ）二漢文ヲ一
唯《た》だ漢文《かんぶん》を学《まな》ぶ（のみ）
「ただ漢文を学ぶ（だけだ）」

❷ 学ブ二漢文ヲ一耳
漢文《かんぶん》を学《まな》ぶのみ
「漢文を学ぶだけだ」

❸ 唯ダ学ブ二漢文ヲ一耳
唯《た》だ漢文《かんぶん》を学《まな》ぶのみ
「ただ漢文を学ぶだけだ」

【注意点】

1 「特・徒・祇・止」等も❶同様「ただ」と読むことがある。

2 「已・而已矣」等も、❷同様に「のみ」と読むことがある。

3 ❶・❸の「独」は、「ひとりで」という意味になることもあるが、限定の副詞としては、「ただ」（「唯」等）と同様の働きをする。

4 ❷「のみ」は、単なる断定の場合も。「のみ」は、書き下しでは必ず平仮名にする。

5 ❶〜❸の「のみ」への接続は、〈名詞または連体形＋のみ〉である。

「限定」の副詞

例題17

問 「唯」と同じ意味・用法を持つ語はどれか。最も適当なものを、次の①〜⑤のうちから一つ選べ。

① 凡　② 夫　③ 只　④ 抑　⑤ 蓋

「唯」はもちろん限定の副詞「ただ」、「唯一」の「唯」である。同じ用法を持つのは「只」、家へ帰って「只今《ただいま》（帰りました）！」、あるいは店先で「只今準備中」というときの「只」

である。①は「およソ（一般に）」、②は「そレ（そもそも）」、④は「そもそも」、⑤は「けだシ（思うに）」と、それぞれ特に読み方が問われることの多い重要語である。

解答　――③

例題18　「限定」構文の読み

問　「独此騾不忍棄」の返り点の付け方と書き下し文の組合せとして最も適当なものを、次の①～⑤のうちから一つ選べ。

① 独此騾《ら》不㆑忍棄　　独り此の騾のみ忍ばずして棄《す》つ
② 独此騾不㆓忍棄㆒　　独り此の騾は忍びて棄てず
③ 独㆓此騾㆒不㆓忍棄㆒　　此の騾を独りにして忍びて棄てず
④ 独㆓此騾㆒不㆑忍棄　　此の騾を独りにして忍ばずして棄つ
⑤ 独此騾不㆑忍㆑棄　　独り此の騾のみ棄つるに忍びず

「独(ひとり)」が限定の副詞になることの理解が問われている。「ただ」と同様に「ただ～だけ」と訳す必要があり、「一人にして」のような意味になってしまう③④は除外する。さらに「不忍～」が、「～に忍びず」と読み、「かわいそうで～できない」と訳す否定の慣用表現である(現代語の「～に忍びない」に相当)ことから、⑤が正解だと判断できる。

解答 ――⑤

口語訳 このらばだけ棄《す》てるのはかわいそうでできない。

らばが
棄てられなくて
本当によかった…

攻略法 9 累加

累加とは「累《かさ》ね加える」こと。限定の副詞が否定詞や反語によって否定されるのだから、「ただ〜だけではない」という意味はすぐに判断できます。そこで試験では、多くの場合読み方が問われています。まずは読み方を覚えましょう。「A大だけでなくB大にも合格」。それが来年のキミです！

漢文のツボ!

構文	❶ 「不」＋限定副詞（唯《ただ》ニ）
読み方	唯《ただ》に〜のみならず
訳し方	「ただ〜だけではなく、（そのうえ…）」 ＊英語の not only の表現。

「ただ意味だけではなく、そのうえ読みも…」という構文じゃ
?!

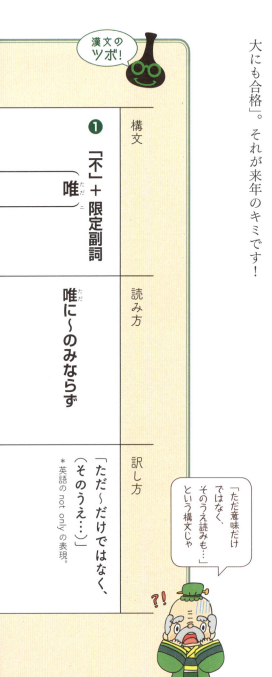

不《ず》ニ 惟・但・只 〜《ノミナラ》一	唯《ただ》に〜のみならず	
不《ず》ニ 独《ひとり》〜《ノミナラ》一	独《ひと》り〜のみならず	

❷「非」＋限定副詞

非《あらズ》ニ 唯《ただ》ニ・惟・但・只 〜《ノミ》一	唯《ただ》に〜のみに非《あら》ず	「ただ〜だけではなく、（そのうえ…）」
非《あらズ》ニ 独《ひとり》〜《ノミ》一	独《ひと》り〜のみに非《あら》ず	

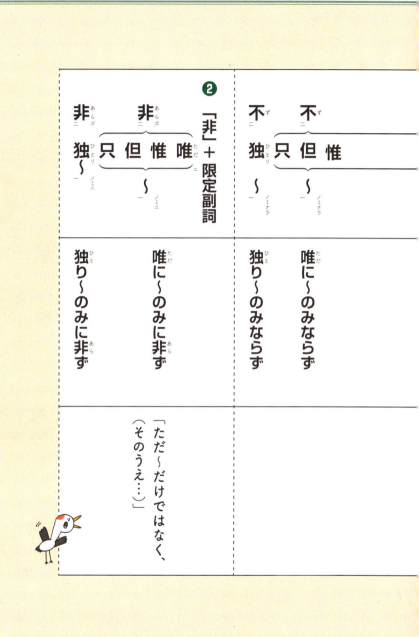

❸「豈・何」＋限定副詞

豈《あ》ニ／何《なん》ゾ　｛唯《ただ》ニ・惟・但・只・独《ひと》リ｝　〜ノミナランヤ

豈《あ》に／何《なん》ぞ　唯《ただ》に／独《ひと》り　〜のみならんや

「どうしてただ〜だけであろうか、いや〜だけではない。（そのうえ…）」

＊❸（反語）が❶❷（否定）と同じような意味になることから、反語の効果がわかるはず（p226参照）。

【例文】

❶ 不(三)唯ニ学(二)ブノミナラ漢文(一)ヲ、又タ学(二)ブ中国語(一)ヲ

唯《ただ》に漢文《かんぶん》を学《まな》ぶのみならず、又《ま》た中国語《ちゅうごくご》を学《まな》ぶ

「ただ漢文を学ぶだけでなく、そのうえ中国語を学ぶ」

❷ 非(二)ズ但ニ飲(レ)ムノミニ酒(一)ヲ、亦タ食(レ)フ肉ヲ

但《ただ》に酒《さけ》を飲《の》むのみに非《あら》ず、亦《ま》た肉《にく》を食《くら》ふ

「ただ酒を飲むだけでなく、そのうえ肉を食べる」

❸ 豈ニ独リ知ルノミナランヤレ此ヲ、亦タ楽シムレ此ヲ

豈《あ》に独《ひと》り此《これ》を知《し》るのみならんや、亦《ま》た此《これ》を楽《たの》しむ

「どうしてこれを知っているだけであろうか、いやそれだけではなくこれを楽しんでいるのだ」

【注意点】
1 ❶〜❸とも、限定の副詞「ただ」は「ただに」と読んで強調する。
2 ❶〜❸とも、「のみ」に相当する文字（「耳・而已・爾」等）がつくこともあるが、これがなくても必ず❶「のみならず」、❷「のみにあらず」、❸「のみならんや」と読む。
3 ❶〜❸とも、後半が「又・亦（まタ）」で始まることも多い。
4 限定の副詞には、「特・徒・祇・止・啻（たダ）」が使われることもある。

「ただ」ではなく、「ただに」と読んで強調することに注意！

「累加」構文の読み

例題 19

問　「不二惟収レ怨」はどう読むか。最も適当なものを、次の①～⑤のうちから一つ選べ。

①　これうらみををさめざるのみにして
②　ただにうらみををさむるのみならず
③　これうらみををさめず
④　これうらみはをさまらずして
⑤　ただにうらみはをさまらず

「不惟～」が累加形を構成し、「ただに～のみならず」と読む。この知識さえあれば即座に答えを導くことのできる問題。

解答　――②

口語訳　「ただ恨みをかうだけではない」

例題 20

「累加」構文の解釈

問 「何ゾ啻《た》ダニ反スレ掌《たなごころ》ヲ之易キノミナランヤ」の解釈として、最も適当なものを、次の①～⑤のうちから一つ選べ。

① 手のひらを返すことよりももっとやさしい
② 手のひらを返すことだけがやさしいのではない
③ 手のひらを返すようにはやさしくない
④ 手のひらを返すのと同じようにやさしい
⑤ 手のひらを返すような心変わりはしたくない

「**何啻～**」**が累加形を構成している。**限定の副詞として「啻」が使われるケースは多くないが、ふり仮名が施されていることから、累加の表現であることは判断できるはず。「どうしてただ単に手のひらを返す程度のたやすさのみにとどまろうか、いやもっとたやすい」というのが基本的な解釈である。

②は「返すことだけが」、③は「やさしくない」、④は「同じように」、⑤は「心変わりはしたくない」がそれぞれ不適切。

解答 ―― ①

書き下し

何ぞ啻《た》だに掌を反《かへ》すの易《やす》きのみならんや

コラム
目で見る漢文③
法家
『韓非子』から生まれた言葉
「矛盾」
「逆鱗に触れる」
韓非子《かんぴし》
法
によって人を抑えるべきだと主張
韓非子の思想に秦の始皇帝は感激
法治主義による政治を実施
始皇帝
幼い頃から吃音《きつおん》で会話が苦手だった
書くことで考えを示した
李斯
毒
韓非子は宰相李斯の謀略によって服毒自殺する
韓非子が説く「八姦《はちかん》」（君主を操る八つの害）に対する方法
娯楽に関するものは臣下の一存で取り扱わせない
親族でも処罰し、うかつに行動させない
息子
親族
恩施は必ず君主が出す
恩施
軍人には褒章を、悪人には処罰を与える
賞
女の頼みごとは聞き入れない
周囲の国の無理な要求は聞き入れない
NO
側近に余計なことは言わせない
議論では両者の言い分を聞く

攻略法 10 仮定

「もしも全部の大学に落ちたら…」、こんな仮定をして不安になるよりも、「もしも大学に入ったら…」と楽しい仮定をして上手に気分転換し、気楽に一所懸命頑張りましょう！　さて、試験では、仮定形の「もし」と「雖」は頻出です。しっかり覚えてください。

漢文のツボ!

構文	読み方	訳し方
☆ ❶ 如《も》シ〜バ 若《も》シ〜バ	如《も》し〜ば 若《も》し〜ば	「もし〜ば」 ＊「如」と「若」のこの他の用法は、p234参照。

バラ色の未来を仮定して、口にだしてみると実現するゾ！

❷ 苟《いやしくモ》～《バ》	❸ 縦《たとヒ》～《トモ》	❹☆ 雖《いへどモ》二～《ト》一
苟《いやしく》も～ば	縦《たと》ひ～とも	～と雖《いへど》も
「かりにも（もしも）～ば」	「たとえ～であっても、」	(a)「かりに～であっても」 (b)「確かに～ではあるが」 返読文字

【例文】

❶ 如《シ》努力《セバ》、必《ズ》合格《ス》

如《も》し努力《どりょく》せば、必《かなら》ず合格《ごうかく》す

「もしも努力すれば、必ず合格する」

❷ 苟《モ》為《ラバ》レ人、宜《シク》《シ》レ愛《ス》レ人《ヲ》

苟《いやしく》も人《ひと》為《た》らば、宜《よろ》しく人《ひと》を愛《あい》すべし

「かりにも人間であるならば、人を愛するのがよろしい」

❸ 縦《ヒ》花枯《ルトモ》、
必《ズ》実結《バン》

縦《たと》ひ花《はな》枯《か》るとも、
必《かなら》ず実《み》結《むす》ばん

「たとえ花は枯れても、きっと実を結ぶだろう」

❹ ⓐ明日雖《モ》レ雨《フルト》、
決行《ス》

明日《めいじつ》雨《あめ》ふると雖《いへど》も、
決行《けっこう》す

「明日かりに雨が降ったとしても、決行する」

ⓑ薔薇《ハ》雖《モ》レ美《シト》、
有《リ》レ棘

薔《しょう》薇《び》は美《うつく》しと雖《いへど》も、
棘《とげ》有《あ》り

「薔薇《ばら》は確かに美しい花だが、棘がある」

【注意点】

1 ❶「如・若」には仮定のほかにも多くの用法があるが、接続助詞「ば」と呼応していることが、仮定構文のポイントである。（p234合格のための＋α解説「如」と「若」の用法参照）

2 ❹「雖」には、ⓐ仮定逆接・ⓑ確定逆接の二つがあり、この違いが解釈のポイントになることが多い。文脈をみてどちらで訳すべきかを判断する。

例題 21

「雖」の用法

問「白髪□□□、朱顔已ニ先ヅ悴《やつ》ル」の□□□を補うには、どれが最も適当か。次の①～⑥のうちから一つ選べ。

① 雖モレ欲ストレ長カラント　② 雖モレ不トレ少カラ　③ 雖モレ如シトレ霜ノ
④ 雖モレ将ニレ落チントレ　⑤ 雖モレ未ダレ生ゼトレ　⑥ 雖モレ当ニレ繁カルシトレ

?!
白髪だらけの
ワシは、いったい
どうすれば…

「雖」の用法がポイントとなる設問は、旧センター試験でも頻出していた。 この問題は白居易の詩の一節からの引用で、一見やや難しそうだが、「雖」の用法を理解していれば、すぐに答えを出せるはず。

後半の「朱顔已先悴」が明らかに年老いたことを示す表現だから、その前半を逆接接続詞の「雖」で結ぶには、「白髪には老いの前兆は現れていない」という内容にならないといけない。

とすれば、「白髪はまだ生えていないけれども」という意味の⑤が選ばれる。この場合の「雖」は、後の「已《すで》ニ」に続く文脈から、確定逆接とわかる。他の選択肢は①「長くなろうとしているけれども」、②「少なくないけれども」、③「まるで霜のようだけれども」、

④「今にも抜け落ちようとしているけれども」、⑥「増えるに違いないけれども」という意味になり、いずれも逆接接続詞「雖」で結んでは意味が通らなくなる。（④「将」・⑤「未」・⑥「当」は、p180参照）

解答 ——⑤

口語訳「白髪こそまだ生えてはいないが、血色のよかった顔色はもうすでに衰えている。」

書き下し 白髪《はくはつ》未《いま》だ生《しょう》ぜずと雖《いへど》も、朱顔《しゅがん》已《すで》に先《ま》づ悴《やつ》る

例題22　「若」の用法

問「若 如レ 此」はどう読むか。最も適当なものを、次の①～⑥のうちから一つ選べ。

① なんぢ　このごときは
② なんぢ　このごとくすれば
③ もし　これにしかば
④ もし　かくのごとくんば
⑤ わかきこと　これにしかば
⑥ わかきこと　かくのごときは

「若」と「如」は、多くの場合に同様の働きをする多品詞語なので、このような紛らわしい設問が出される。**「如」・「若」ともに単独で使われて、しかも返読していなければ、まずは「もシ～バ」と読むのではないかと考えてみる**こと。

さらに、「如レ此」は、「如レ是」・「若レ此」・「若レ是」と同じく、「かクノごとシ」と読む慣用句（p234 **合格のための＋α解説**参照）であるから、①・②・③・⑤はすべて除外できる。

また、「若」は、漢文では「わかい」という意味にならない（要注意！）ことから、⑤・⑥も不適切な読み方だとわかる。

解答 ——④

口語訳 「もしも、このようであるならば」

句形別攻略法

攻略法 11 抑揚

「大学で何を学ぶかさえまだ決まっていないのに、まして将来の職業のことなど、なおさら考えられない」などという人はいませんか？ 目標が定まってこそ、受験勉強にも力が入るものです。さて、抑揚形で大事なのは、「況」と文末の「をや」。漢文攻略の目標はハッキリしています。

漢文のツボ!

構文

A《スラ》 {猶《なホ》/尚《なホ》/且《かツ》} 〜、{(而)《しかルヲ》 況《いはンヤ》 B《ヲ》 乎《や》/(而)《しかルヲ》 況《いはンヤ》 於《おいテヲ》 B《ニ》 乎《や》}

＊この形は、前半が省略されることも多い。

読み方

Aすら {猶《な》ほ/尚《な》ほ/且《か》つ} 〜、

抑揚は、調子の上げ下げのことではないゾ!

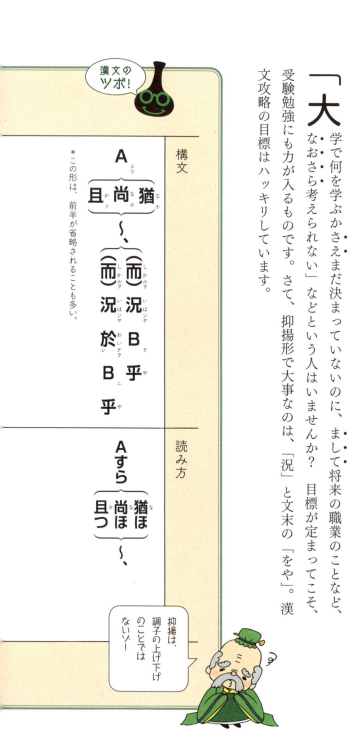

（而《しか》るを）況《いは》んやBをや
（而《しか》るを）況《いは》んやBに於《おい》てをや

訳し方
「Aでさえ〜だ、ましてBはなおさらだ。」

【例文】

生《スラ》 猶《ホ》 未《ダ》レ 知《ラ》、
況《ンヤ》 死《ヲ》 乎

生《せい》すら猶《な》ほ未《いま》だ知《し》らず、
況《いは》んや死《し》をや

「生きるということさえまだ分からない、まして死などなおさらだ」

英語《スラ》 且《ツ》 不《レ》能《ハ》レ 話《ス》、
況《ンヤ》 中国語《ヲ》 乎

英語《えいご》すら且《か》つ話《はな》す能《あた》はず、
況《いは》んや中国語《ちゅうごくご》をや

「英語さえ話せない、まして中国語はなおさらだ」

犬《スラ》尚《ホ》愛《ス》レ子《ヲ》、
況《ンヤ》於《テヲ》レ人《ニ》乎

犬《いぬ》すら尚《な》ほ子《こ》を愛《あい》す、
況《いは》んや人に於《お》いてをや

「犬でさえ自分の子を愛するものだ、まして人間ならなおさらだ」

【注意点】

1 前半は省略されることもある。

2 **文末には**「**乎**」（**まれに**「**哉**」）がくることが多いが、これが省略されても必ず「をや」で結ぶ。

3 後半が接続詞「**而**」で始まることがあるが、これがあっても基本的な意味は違わない。

4 後半は、「**況B乎**」と「**況於B乎**」の二つのパターンがあるが、基本的な意味は違わない。

5 「況」を見たら、文末を必ず「をや」と結ぶこと。二次試験や私大入試でも得点につながる。

6 反語の文末「んや」と混同する人が多いので注意すること。

句形の判別

例題 23

問 「天スラ尚ホ如レシ此《かく》ノ、況ンヤ於レテヲ君ニ乎《や》」には、どのような句形が用いられているか、最も適当なものを、次の①～⑤から一つ選べ。

① 受身　② 疑問　③ 反語　④ 抑揚　⑤ 限定

この問題を、「簡単なレベルだ」と思うくらいになろう。ちなみに「抑揚」とは、英語のイントネーションの意味ではない。一方を「抑え」、それとの対比で他方を「揚げる」という意味の強調表現なのだ。

解答 ―― ④

書き下し 天《てん》すら尚《な》ほ此《かく》の如《ごと》し、況《いは》んや君《きみ》に於《お》いてをや

口語訳 「天でさえこのようなのだ、まして君主ならなおさらだ」

例題24

問 「許《ハ》市井《ノ》人耳。惟《ただ》其《ノ》無《キモノスラ》レ所レ求《ムル》二於人《ニ》一、尚《ホ》不レ可《カラ》二以《テ》レ勢《ヲ》屈《ス》一。況《ンヤ》其《ノ》以《テ》二道義《ヲ》一自《ラ》任《ズル》者《ヲ》乎」の大意として最も適当なものを次の①〜⑥から一つ選べ。

（注）許＝人名

① 自由気ままに生きる民間人は、他人の拘束を極度にきらい、権威に対する反抗心がつよいものだ。まして道義を信条とする知識人たちが権力の統制をきらうのは当然のことだ。

② 知識を求める意欲のない民間人は、たとえ宰相が命令してもそれに従わせることはできない。まして自分に道義があるとうぬぼれている人間は手のつけようがない。

③ 名もなく地位もない民間人であっても、名利をすてた人間は、たとえ宰相の力でも命令に従わせることはできない。まして道義を大切にする人間を権勢でおさえこむことなど不可能だ。

④ すでに名の知れわたった民間人は、いまさら他人の評判を気にすることなく、権勢に気がねすることもない。まして道義ある人として評価の定まった人間が他人の目など気にせず自由に生きるのももっともだ。

⑤ 礼儀作法をわきまえない民間人は、ひとたび他人から期待されなくなると自暴自棄となって、もはや宰相の力でもおさえることができない。まして道義を求めている人物が権威に失望したら何をやるかわからない。

⑥ とるにたりない一介の民間人であっても、弁舌のすぐれた人間であれば無法な行動も許され、宰相の権威もそれをとめることはできない。まして道義を求めることを自分の使命としている者の行動は自由にすべきだ。

一見手強《てごわ》そうだが、落ち着いて読めばさほどでもない。もちろん最大のポイントは「A尚～、況B乎」という**抑揚表現**である。

あとは、本文と選択肢を丹念に比較しつつ、不適切な表現を含む選択肢を除いていく。

①は「知識人たちが」、②は「知識を求める意欲のない」、④は「名の知れわたった」・「評価の定まった」、⑤は「礼儀作法をわきまえない」・「自暴自棄」、⑥は「弁舌の～許され」が明らかに誤り。「市井の人」とは「民間人」のことである。

解答 ―― ③

書き下し 許《きょ》は市井《しせい》の人《ひと》のみ。惟《た》だ其《そ》の人《ひと》に求《もと》むる所《ところ》無《な》きものすら、尚《な》ほ勢《せい》を以《もっ》て屈《くっ》すべからず。況《いは》んや其《そ》の道義《どうぎ》を以《もっ》て自《みづか》ら任《にん》ずる者《もの》をや

ワシも、道義を大切にするから、権勢にはおもねらないゾ

攻略法 12 禁止

返読文字

禁止の表現にはいくつかありますが、圧倒的によく使われるのは「なかれ」。とりわけ「勿」が頻出していますので、試験で「勿」が問われたら、まずは「なカレ」と読んで、「～するな」と訳してみることが大切です。決して忘れてはいけません。

構文	読み方	訳し方
❶ 無《な》カレ／莫 二 ～ 一	～無《な》かれ ～莫《な》かれ	「～してはいけない」

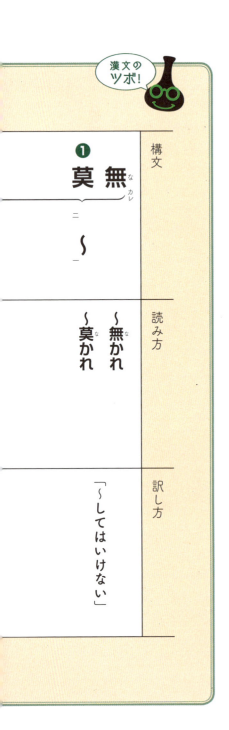

形	読み	意味
勿 毋	～勿《な》かれ ～毋《な》かれ	
❷ 不《ず》レ可《べ》カラ二～一	～べからず	「～してはいけない」
❸ 不《ず》レ当《まさ》ニ《べ》カラ二～一 不《ず》レ応《まさ》ニ《べ》カラ二～一 不《ず》レ宜《よろ》シク《べ》カラ二～一	当《まさ》に～べからず 応《まさ》に～べからず 宜《よろ》しく～べからず	「～してはいけない」

福島県の「勿来関《なこそのせき》」は、「な～そ」という古文の禁止の形を、「勿」で表したもの。「勿」は、禁止でよく使われるゾ！
?!

【例文】

❶ 勿《カレ》レ忘《ルル（コト）》　忘《わす》るる（こと）**勿《な》かれ**　「忘れてはいけない」

❷ 不レ可《カラ》レ笑《フ》　笑《わら》ふ**べからず**　「笑ってはいけない」

❸ 不レ宜シクベカラレ怠ル

宜《よろ》しく怠《おこた》るべからず　「怠ってはいけない」

【注意点】

1 ❶「無・莫・勿・毋」はすべて否定詞「なシ」だが、これを命令形にして「なカレ」と読むと禁止命令になる。単なる否定（p201参照）なのか、禁止なのかは基本的には文脈による。

例　勿レ笑　笑《わら》ふこと勿《な》し　「笑うことはない」

勿レ笑　笑《わら》ふこと勿《な》かれ　「笑ってはいけない」

2 ❶「無・莫・勿・毋」の中で「勿・毋」**（とりわけ「勿」）は禁止の場合によく使われる。**

3 ❶「なカレ」は書き下しでは〈動詞連体形（＋こと）＋なカレ〉と読む。

4 ❷「不可～」は「～できない」と単なる不可能を表すこともある。不可能、禁止なのかは文脈による。

5 ❸再読文字「当・応・宜」の基本的な用法については、p181の「再読文字」の項を参照のこと。

「禁止」表現の読み

例題25

問「自今勿復為此飾」の返り点の付け方と書き下し文の組合せとして最も適当なものを、次の①～④のうちから一つ選べ。

① 自レ今勿二復為レ此飾一　今より復た此れが為に飾ること勿しと
② 自レ今勿三復為二此飾一　今より復た此の飾りを為すこと勿しと
③ 自レ今勿三復為二此飾一　今より復た此の飾りを為すこと勿かれと
④ 自レ今勿三復為二此飾一　今より復た此の飾りの為にすること勿しと

禁止されるほど、やってみたくなるものじゃて

解答　――③

「勿」は禁止の場合多く使われる否定詞である。その認識があれば、「勿かれ」と読んでいる③に絞れるだろう。ただし、念のため前後の文脈を見て、「～するな」と禁止命令で訳して意味が通るかどうかを確認することもお忘れなく。あとは指示語「此」の指示内容を文中から把握したうえで、意味のよく通る読み方を選べばよい。

口語訳　今後、ふたたびこれの飾りつけをしてはならない。

例題26

「禁止」表現の意味

問　「勿《カレ》遽《にはかニ》取捨《スル》其《ノ》間《ニ》」とはどういう意味か。最も適当なものを、次の①～⑤から一つ選べ。

① 性急にあれこれの説のよしあしを決めてはいけない。
② あわててあれこれの説にまどわされない方がよい。
③ あわてるとあれこれの説から正解をとり出すことができない。
④ いきなりあれこれの説から結論を導き出せるはずがない。
⑤ 性急のあまりあれこれの説の要点を見落としてはいけない。

まずは「勿」の解釈をチェックする。

「勿」が設問になったら、「禁止」の可能性が高い。この場合、「勿かれ」と読まれているのだから、その考えに間違いない。「いけない」と訳している①と⑤に絞りこむことができる。

②の「～方がよい」は比較（たとえば「不如」・p228参照）の解釈、③の「～できない」は否定（たとえば「不可」・「不能」・p207参照）の解釈、④の「～はずがない」は反語（たとえば「豈～哉」・p220参照）のような解釈になっているので、それぞれ不適切である。

①と⑤に絞ることができれば、あとは「取捨」の解釈を考える。現代語で「取捨選択」と言うように、「よいものを取り入れて、悪いものを捨てる」こと、つまり「よしあしの選択をすること」が「取捨」である。よって①が正解となる。⑤は「要点を見落として」が誤り。

解答 ——①

書き下し 遽《にはか》に其《そ》の間《かん》に取捨《しゆしや》する勿《な》かれ

句形別攻略法

攻略法13 詠嘆

詠嘆で頻出するのは、「不亦～乎」の形。『論語』の巻頭の文句に含まれる表現なので、文中に登場すれば設問になりやすいのです。「不亦～乎」の三文字を見たら、「また～ずや」と読んで、詠嘆の解釈ができるようにしておきましょう。

構文	読み方	訳し方
☆ ❶ 不《ず（ヤ）》ニ亦《ま》タ～一乎（や）	亦《ま》た～ずや・亦《また》～ずや	「なんとまあ～ではないか」「やはり～ではないか」

	句形	読み	意味
②	豈《あ》ニ不《ず》(ヤ)二〜一哉《(や)》	豈《あ》に〜ずや	「なんとまあ〜ではないか」 ＊「豈」は反語の原則とともに理解しておこう（p220参照）。
③	何《なんゾ》〜也《や》 何《なんゾ》其《そレ》〜也《や》	何《なん》ぞ〜や 何《なん》ぞ其《そ》れ〜や	「なんとまあ〜なことよ」 ＊「何」は、疑問・反語の原則とともに理解しておこう（p212・220参照）。
④	〜哉《かな》	〜かな	「〜だなあ、〜なことよ」 ＊夫、乎なども同じ働きをすることがある。
⑤	嗚《あ》呼《あ》	嗚《あ》呼《あ》	「ああ」 ＊嗟《あ》呼《あ》・噫《ああ》も同じ。

【例文】

① 有《リ》レ朋自《リ》二遠方一来《タル》、不二亦《タ》楽《シカラ》一乎

朋《とも》有《あ》り遠方《えんぽう》より来《き》たる、亦《ま》た楽《たの》しからずや

「友達がいて遠方から訪ねてきてくれた、なんとまあ楽しいことではないか」

「嗚呼《ああ》」は烏《カラス》の鳴き声から生まれた語です。でも、「かあ」とは読まないでね!!

❷ 豈ニ不レ多カラ哉　豈《あ》に多《おほ》からずや　「なんとまあ多いことではないか」

❸ 何ゾ其レ美シキ也　何《なん》ぞ其《そ》れ美《うつく》しきや　「なんとまあ美しいことよ」

❹ 快キ哉　快《こころよ》きかな　「心地よいなあ」

＊現代語の「快哉《かいさい》を叫ぶ」がこれです。

【注意点】

1 ❶詠嘆の形であるから、「～」の位置には形容詞・形容動詞がくるのが原則である。

2 ❷「豈」は基本的には反語だが、「豈不～哉」の形をとって、「～」の位置に形容詞・形容動詞がくる場合に、詠嘆の解釈が可能となる。

［例文❷］「どうして多くないだろう、いや多くないはずがない」〈反語〉

→「なんとまあ多いことではないか」〈詠嘆〉

3 ❸「何」は基本的には疑問文を構成するが、「～」の位置に形容詞・形容動詞がくる場合に、詠嘆の解釈が可能となる。

［例文❸］「どうして（そんなに）美しいのか？」〈疑問〉

→「なんとまあ美しいことよ！」〈詠嘆〉

4 ❸の形の「其」（そレ）は強調であり、指示語ではない。

5 ❹「哉・夫・乎・矣」（かな）が出題されるときには、ふり仮名がつくのが普通である。「かな」は詠嘆だという古文の知識が生かせればよい。

6 ❺「嗚呼・嗟呼・噫」（ああ）にも試験ではふり仮名がつくのが普通である。

「詠嘆」表現の読み

例題27

問 **「不二亦宜一乎」の読み方として最も適当なものを、次の①～⑤のうちから一つ選べ。**

① またよろしからず　② またむべならずや　③ またもむべならざらん
④ またよろしくせざるなし　⑤ またもよろしくすべからざるなり

「不亦～乎」が詠嘆の慣用句。この形の読み方「また～ずや」を覚えていれば答えは簡単。ところがこの知識がなければ、「宜」の再読文字としての用法（p181参照）に惑わされてしまう。「宜」は、もちろん多くの場合再読文字になるが、ここでは詠嘆の慣用句に当てはめるため、「むベナリ（「もっともである」の意味）」と読む形容動詞として働く。

「宜」が、
「よろしく」では
ないことに注意！

解答　―― ②

口語訳　「なんともっともなことではないか」

例題28

「詠嘆」表現の解釈

問　「何《ゾ》其《レ》暴《ニシテ》而不敬《ナル》也。」の意味内容として最も適当なものを、次の①～⑥のうちから一つ選べ。

① なぜ申公子培は粗暴で無礼なことをするのだろうか。
② なぜ随兕は強暴で馴《な》れ親しまないのだろうか。
③ なんと申公子培は粗暴で無礼なことか。
④ なんと随兕は強暴で馴れ親しまないことか。
⑤ どうして申公子培が粗暴で無礼だといえようか。
⑥ どうして随兕が強暴で馴れ親しまないといえようか。

「何其～也」が詠嘆の慣用表現である。もちろん、疑問詞「何」は単なる疑問や反語の場合もあるので、それがヒッカケになっている。①②は疑問の解釈、⑤は反語の解釈だ。「何其～也」の三文字がそろえば詠嘆であることをしっかりと認識しておこう。あとは文脈を見て内容から判断する。

解答 ―― ③

書き下し 何《なん》ぞ其《そ》れ暴《ぼう》にして不敬《ふけい》なるや。

合格のための＋α解説

反語の「豈」が「詠嘆」になるためのポイント

① 「豈不～哉（乎）」の形になっていること

② 「豈不～哉（乎）」の「～」に形容詞・形容動詞が入っていること

疑問の「何～」が「詠嘆」になるためのポイント

① 文末の助詞に「也」が使われていること

② 「何～也」の「～」に、形容詞・形容動詞が入っていること

この二つの条件がそろっていたら詠嘆だと考えてよい。「何」の直後に、強調の「其（それ）」が続いて「何其～也」となっていれば、一見して詠嘆だと判断できる。

攻略法 14 その他の句形

ここでは、「○○形」という決まった呼び名はないものの、入試の漢文では頻出している表現を勉強します。「以」と「為」の二文字がこの順番に出てきたら、「慣用句だ」とわかるようにしておきましょう。

漢文のツボ!

構文	読み方	訳し方
❶ 以《もっ》テレAヲ為《な》スレBト	Aを以《もっ》てBと為《な》す	(a)「AをBにする」 (b)「AをBと思う」
❷ 以《もっ》テ為《な》ス二～ト一	以《もっ》て～と為《な》す	(a)「～にする」 (b)「～と思う」

慣用表現は、別冊にもまとめたから、覚えるべし!

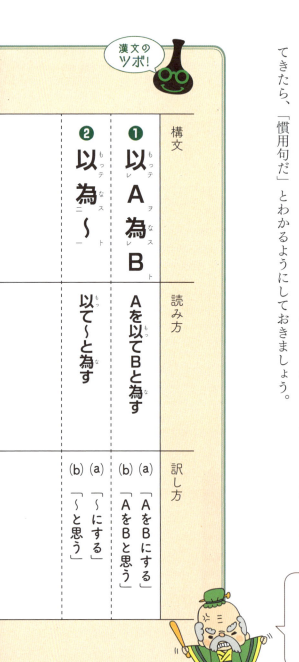

❸ 以《お》為《も》ヘラク〜ト

以《お》為《も》へらく〜と

「〜と思う」

＊❶の構文の「以テレ和ヲ為スレ貴シト」は、本来は『論語』の言葉です。「十七条憲法」の文言としても知られており、よく問われます。

【例文】

❶ 以テ二漢文ヲ一為ス二得意ト一
漢文《かんぶん》を以《もっ》て得意《とくい》と為《な》す　「漢文を得意にする」

❷ 以テ為ス二第一志望ト一
以《もっ》て第一志望《だいいちしぼう》と為《な》す　「第一志望にする」

❸ 以為ヘラク必ズ合格セント
以《お》為《も》へらく必《かなら》ず合格《ごうかく》せんと　「きっと合格するだろうと思う」

【注意点】 1 「為」には多くの読み方・用法があるが、「以」の後に続いたら慣用句を構成する。

2 ❶・❷ともに、ⓐ・ⓑどちらで訳すかは、文脈による。

3 ❷は❶の「A」が省略された形である。何が省略されているかを文脈から考えてみると、解釈しやすくなることも多い。

4 ❷・❸のどちらで読むかは、返り点の違いによる。

慣用句を含む文の読み

例題29

問 「以㆓寛簡不㆒㆑擾為㆑意」はどう読むか。最も適当なものを、次の①～⑥のうちから一つ選べ。

（注） 寛簡…寛容・簡潔　意…政治の目標

① 寛簡の擾《みだ》れざるを以て意と為す
② 寛簡を擾さざるを以て意と為す
③ 寛簡にして擾さざるを以て意と為す
④ 寛簡を擾さざるを以て意の為とす
⑤ 寛簡の擾れざるを以てするは意の為なり
⑥ 寛簡にして擾れざるを以てするは意の為なり

民の暮らしを守ることが、政治の役割じゃぞ

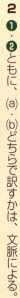

「以レA為レB」の慣用句で、①・②・③に絞ることができる。④・⑤・⑥は「為」を「ため」と読んでいるから、慣用句の読み方としては不適切。

②は、「寛簡を擾さざる」が誤り。「寛簡」を動詞「擾」の目的語として読むためには、「擾二寛簡一」という語順（英語と同じように〈他動詞＋目的語〉の語順）でないといけないからだ。

ここから先は問題文を読んで文脈をたどらないと難しい。「寛容簡潔でしかも住民の暮らしを乱さないことを政治上の目標にしていた」ということが文脈からつかめれば、③が正解と分かる。

解答 ――③

口語訳 「寛容・簡潔でしかも住民の暮らしを乱さないことを、政治上の目標としていた」

慣用句を含む文の書き下し

例題30

問「学 有レ 未レ 達、強 以 為レ 知」の書き下し文として最も適当なものを、次の①～⑤のうちから一つ選べ。

① 学に未だ達せざる有らば、強めて以て知の為《ため》とす
② 学に未だ達せざる有るも、強ひて以て知ると為《な》す
③ 学に未だ達せざる有らば、強きを以て知らんと為《な》す
④ 学に未だ達せざる有らば、強ひて以てするは知の為《ため》なり
⑤ 学に未だ達せざる有らば、強きを以て知ると為《な》せばなり

「以為～」の慣用句で、「為」を「ため」と読んでいる①・④は除外できる。また「以」は前置詞であるから、「以レ 強」のように「強」が「以」の後にあれば目的語として「強きを」と読めるが、問題文のように「強以」の語順では、それが不可能。さらにこの「以為～」が、本来は「以レ A為レ B」の「A」を省略した形であることを覚えていれば、③・⑤も不適切な読み方だと分かる。

解答　――②

口語訳「学んだことにまだよく分からないことがあっても、無理に分かっていると思い込んでしまう。」

例題31

問 次のa・b各文を平仮名で書き下して、訳せ。

a 識者以為二知言一

b 予以為《ヘラク》過言《ナリト》

a **「以為」が慣用句を構成**しているが、「為」に返り点がつけられていることから、「**以て～と為す**」**と読む**ものと判断できる。「識者」は「見識のある人」、「知言」は、「道理にかなった言葉」の意味。

b 「以為」には返り点がついていないことから、「**おもへラク～と**」と熟語として読むべきことが分かる。「予」は「余」と同じく一人称代名詞、「過言」は「誇張した言葉」の意味。

解答

a しきしゃもってちげんとなす　「有識者は道理にかなった言葉だと思った」

b よおもへらくかげんなりと　「わたしは誇張だと思った」

現代語でも、「おもえらく（＝考えるには）」という言葉がありますね

攻略法
15
設問別攻略法

読み方・書き下しの問題

共通テストでは、「読み方（書き下し）」の設問が1問（または枝問で2問）出題されます。ほとんどの問題が句形の知識や、返り点を必要とする語順（p179）がポイントになるものであり、傍線部を見ただけで答えが出せる場合も少なくないですから、覚えることさえ覚えていれば確実な得点源になります。

反対に、解釈を問う問題とは違って、前後・文脈から答えを探すことのできないのが、この読み方の問題でもあります。

一言で言えば、勉強したかどうかが直接得点にはねかえってくるのです。逆に言えば、努力のしがいがあるということです。自信を持って試験に臨むためにも、ぜひしっかりとした対策を講じてください。

漢文のツボ!

「読み方」・「書き下し」の設問、解法マニュアル

❶ 返り点と書き下し文を照合してみる。

まずは**傍線部の返り点をチェックしよう**。原文に返り点がついていて書き下し（読み方）を問うものと、原文が白文で返り点と書き下し（読み方）をセットで問うものとがある。どちらにしても、**返り点と書き下しが矛盾する選択肢が含まれる場合がある**。とにかくまず落ち着いて返り点と書き下し（読み方）を見比べよう。**原文が白文で問われた場合の返り点の判断は、「攻略法0」（p176）を参照**して下さい。

❷（傍線部中の）句法・語法をチェックする。

多くの問題が漢文独自の句法・語法で決まる。これは覚えていなければどうにもならないものである。「句形別攻略法」でしっかりとマスターしておこう。**とりわけよく出題されるのは、再読文字、使役、疑問と反語**だ。

❸（傍線部外の）対句・対応表現をチェックする。

傍線部中に句法・語法上のポイントが見当たらないときには、**前後に対句がないか、**

少し離れたところに対応表現がないか検討しよう。対句とは、連続する二句（散文の場合は二文のことも多い）の字数と文法構造が同じになるもので、返り点や読み方もそろうのが普通だから、これが傍線部の読み方を判断する決め手となることがある。少し離れた位置の対応表現にも注意が必要だ。

❹ オーソドックスな読み方に絞る。

何十万人もの受験生がいて、答えまで発表するような試験では、基本、出題者も奇をてらった出題はしない。❶〜❸で答えを絞りきれないときは、ごく**普通の読み方・その語についての多数派の読み方を選ぶこと**。滅多に出合わない読み方は、こうした試験では正解にならないことが多い。

❺ 文末「んや」のヒッカケに注意する。

試験では、**文末の「んや」がヒッカケに使われることが多い**。どういうときに文末に「んや」がつくのかをハッキリと認識しておくことが大切。（p220・句形別攻略法「反語」参照）

❻ 意味のよく通る読み方を選ぶ。

最終的にはこれが一番大切なことだが、**文章全体の中での傍線部として、意味のよく通った矛盾のない読み方**の選択肢を選ぶこと。

例題32

問 「不二復能レ察二天下之言一」はどう読むか。最も適当なものを次の①～⑤のうちから一つ選べ。

読み方

① ふたたびよくてんかのげんをさっせずして

② またてんかのげんをさっするあたはずして

③ てんかのげんをさっすることまたよくせずして

④ またよくせずしててんかのげんをさっし

⑤ ふたたびあたはずしててんかのげんをさっし

とにかくまず、**問題文の返り点と選択肢を比較してみよう。**

返り点にしたがった正しい読み方ができているのは、②だけであることに気づいただろうか。

①は「ふたたびよく」、③は「てんかのげんをさっすることまた」、④は「またよくせずして」、⑤は「ふたたびあたはずして」が、問題文の返り点に則さない読み方になっている。

このように少々複雑な返り点となると、「読み方」以前の「返り点」のルールを問う問題が出される。

さらには、「マタ」という副詞としての読み方が頻出する「復」を、①と⑤では「ふた

基本ルールに
したがって読めば
わかる問題なん
じゃがのう…

たび」と読んでいること、否定なら「あたはず」と読むはずの「不能」(p207参照)を、③・④では、「よくせず」と読んでいることを「ヘン?」と思っただろうか?
これこそまさにヒッカケであり、に示したオーソドックスな読み方になっていないものなのである。要注意!

解答 ――②

口語訳「それきり世間の学説を理解できなくなり」

例題33　文の読み方

問「始貨㆓爾魚㆒約㆓三十銭㆒也」の読み方として最も適当なものを、次の①~⑤のうちから一つ選べ。

① 始《はじ》め爾《なんぢ》に魚を貨《う》るも三十銭に約せんや
② 始め爾の魚を貨るに三十銭を約せんや
③ 始め爾に魚を貨るに三十銭を約するなり
④ 始め爾に魚を貨らしむるに三十銭を約するか
⑤ 始め爾の魚を貨らしむるも三十銭を約するなり

①・②は文末を「～んや」で結んでいる。④・⑤は「貸らしむ」と使役の読み方をしている。だからそれぞれ除外して、正解は③となる。かなりシンプルな問題。

反語の副詞・反語の慣用句がないのに、文末を「～んや」とするものは、試験ではヒッカケである。

使役の「しむ」(「使」・「令」等)がないのに使役の読み方をする、つまり文脈から使役に読むということはごく稀《まれ》にあるが、そんな例外的なものは試験では設問にならない。とにかく**オーソドックスな読み方が正解になるのが、漢文の試験**なのだ。

もちろん、何がオーソドックスな読み方なのかを判断するためには、基礎的な句形についての知識をしっかりと身につけておくことが大切。試験場に入る以前に、できるかどうかが決定しているのが、読み方の問題なのである。

解答 ―― ③

口語訳 「先ほどあなたに魚を売ったとき、お代は三十銭だと申し受けました」

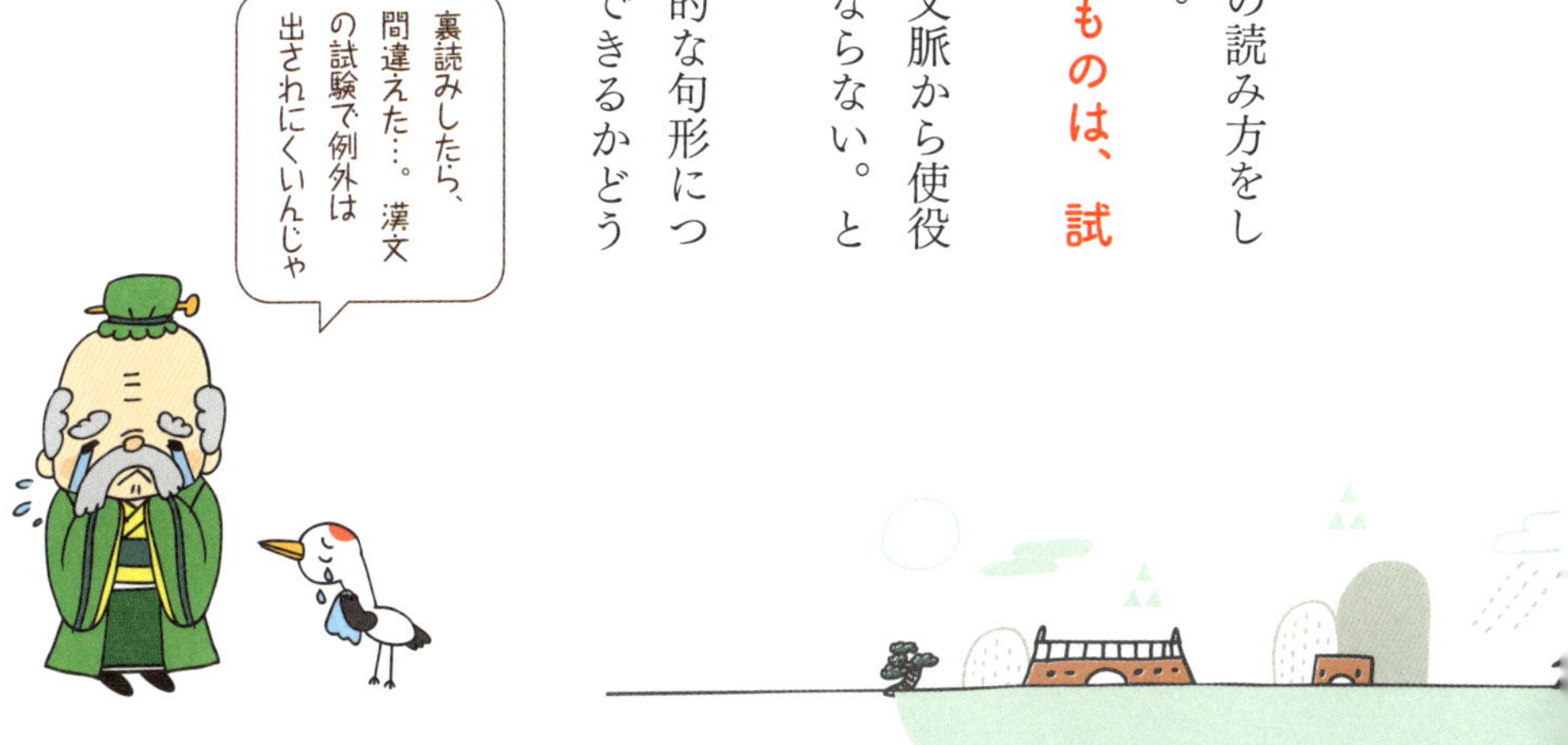
裏読みしたら、
間違えた…。漢文
の試験で例外は
出されにくいんじゃ

例題34　文の読み方

問　**「明皇詔令従陳閎受画法」の返り点と書き下し文の組み合わせとして最も適当なものを、次の①〜⑤のうちから一つ選べ。**

（注）　明皇＝皇帝　陳閎＝人名

① 明皇詔令㆔従陳閎受㆓画法㆒　　明皇詔して従ひし陳閎をして画法を受けしめんとす

② 明皇詔令㆑従㆓陳閎受画法㆒　　明皇詔して陳閎の受けし画法に従はしめんとす

③ 明皇詔令㆘従㆓陳閎㆒受㆗画法㆖　　明皇詔して陳閎に従ひて画法を受けしめんとす

④ 明皇詔令㆓-従陳閎㆒受㆓画法㆒　　明皇詔して陳閎を令従し画法を受けしめんとす

⑤ 明皇詔令従陳閎受㆓画法㆒　　明皇詔して令従の陳閎をして画法を受けしめんとす

もちろん「令」は使役動詞の働きをしている。助動詞「しむ」を読む。これに接続できる動詞「従」「受」があるから間違いない。

「令」の直後に使役の対象（誰にさせるのかを示す名詞）がないことにとまどうかもしれない。補足して説明しよう。(1)使役の対象が前後の文脈から明白なときや、(2)「誰にさせるのか」の明示が重要でないときには、これが省略されることがある。「使・令」の直後に名詞がないときには、「使役の対象は省略されている」と判断することが大切だ。無理に「をして」を読んではいけない。
もう一つわかりづらい点があるだろう。使役動詞「令（しむ）」に接続できる動詞が二つ（「従」「受」）あることだ。でもこれは、時々見られるケース。一つの文の中に動詞が二つあるときは、どちらも使役の内容にかかわる動詞と見るべきで、後の動詞から「しむ」に接続させる。たとえば、

［例］**令**《しム》下 **学**《まなビテ》二 **此**《こノ》 **書**《しょヲ》一 **合**《ごう》中 - **格**《かくセ》 **大学**《だいがくニ》上　「この本を読んで大学に合格させる」

「学二此書一」が「合中-格大学上」につながる内容で、どちらもキミたち読者に「させたい」とボクが考えていることなのだ。
そこでこの場合も、後の動詞「受」から「受けしむ」と接続させる。「従陳閎」が「受画法」につながる内容であることは、実際の入試問題では文脈を見れば明らかなこと。

解答　――③

口語訳　「賢明な皇帝は詔勅を下して、陳閎に従って絵画の手法を受けさせようとした（学ばせようとした）。」

設問別攻略法

攻略法 16

解釈の問題

いわゆる傍線部解釈の問題は、共通テストで3問程度出題されます。決して「なんとなく」で答えを決めてはいけません。それでは「なんとなく」の得点にしかならないのです。を「しっかりと」理解して、「しっかりと」した根拠を見つけた上で正しい答えを選択し、「しっかりと」得点するようにしましょう。

漢文のツボ!

「解釈」の設問、解法マニュアル

❶ 選択肢を横に見渡して、出題のポイントを把握する。

選択肢を横に見渡してみよう。「読む」のではなく、あくまでも「見渡す」こと。すると、訳し方の違う部分があることに気づく。それが設問のポイントである。

選択肢を一つずつ縦に読んでいては、設問のポイントに気づきにくく、時間のロスになるばかりか、もっともらしい選択肢に惑わされることになる。**選択肢を横に見渡せば、**

ちゃんとした根拠をもって解答することじゃ!

設問のポイントを素早く的確に把握できる。

❷（傍線部中の）句形・語法をふまえて直訳してみる。

ポイントになっているものが**漢文独特の句法・語法ならば**、とりあえずその**原則的な解釈をふまえて**、選択肢を見ずに**自分で訳してみよう**。いきなり選択肢を読むと、もっともらしい選択肢のワナにかかることがある。ところが、ある句法の原則的解釈にたちかえってみると、すんなりと答えが選べるという設問をしばしば見かける。

漢文の解釈の問題は、やはり句法・語法がポイントというケースが最も多いので、「句形別攻略法」で十分にトレーニングを積んでおくことが大切だ。

❸（傍線部外の）対句・対応表現をチェックする。

傍線部中に句形・語法のポイントが見当たらないときは、前後に**対句はないか**（→p294・303）、少し離れた位置に**対応表現はないかと検討してみよう**。これらがあれば、比較してみて答えが決まることも多い。

❹指示語が含まれていれば、指示内容に注意する。

傍線部中に指示語が含まれるときは、その**指示内容を吟味することが必要**。漢文の指示語は「之《これ》」も「其《そ》」も直前を指すのが普通なので、直前からさかのぼるように見ていく。

❺ 読み方（送り仮名）に注意する。

どう読むかで、どう訳すかが決まる。送り仮名がポイントになることも少なくない。

❻ （注）を利用して解釈する。

（注）とは本来、文章を読む上での「解説」の意味だが、試験の漢文においては、設問を解く上での注意点だと心得ておこう。**（注）の存在に気づいたとたんに答えが決まるという設問も、しばしば出題されている。**

❼ 設問の選択肢を利用して解釈する。

句法・対句・（注）等を吟味しても分かりにくい言葉が含まれる場合に、他の設問の選択肢がヒントをくれることがある。

その設問の選択肢を検討するのは当然だが、**他の設問の選択肢がその分かりにくい言葉の解釈をさり気なく教えてくれていることがある**のだ。設問の選択肢を利用して解釈する、マーク式の試験ならではの解法である。

❽設問のつながり（とくに最後の設問とのつながり）を確認する

迷ったときに〝ドッチにしようかな〟と答えを決めるのは消去法に陥ったことになり、失点する可能性が高くなる。どんな文章にも筆者には一貫した執筆意図があり、その主張・結論を目指して話が展開して行く。つまり、どの設問でも他の設問とつながっているものしか正解にはならないのだ。例えば問3で迷ったら、問4や問5へのつながりを確認しつつ答えを決めて行く。

とりわけ、最後の設問は全文の趣旨にかかわるものとなる。これを最初に見ておくことで話題がつかめるし、他の設問のヒントにもなることがある。設問のつながりをつねに意識して解釈を決めよう！

例題35

問　「吾使ム二左右ヲシテ如クレ数ノ以テレ銭ヲ界《あたへ》一レ之ニ焉」の意味として最も適当なものを、次の①〜⑤のうちから一つ選べ。

① 私は行き交う漁師たちに適正な値段をつけさせ、お金を渡した。
② 私は傍らの漁師に魚の大小に応じて値段をつけさせ、お金を渡した。
③ 私は傍らの漁師に魚の数に見合っただけの値段をつけさせ、お金を渡した。
④ 私は傍らの従者に命じ、求められた金額どおりお金を渡させた。
⑤ 私は傍らの従者に命じ、魚の数と大小とを考えあわせてお金を渡させた。

どこかに
「使役」が
使われているゾ
?!

文の意味

一見すれば、漢文の試験で最頻出の句法の一つである「使役」が含まれていることがわかる。そして選択肢を見渡せば、明らかに「使役の訳し方」がポイントであることにも気づくだろう（p188参照）。

使役の構造を理解していれば、「左右」が使役の対象（「だれに」させるのか）、「如〜之」が使役の内容（「なにを」させるのか）であるとわかる（「焉」は断定の助詞）はずだ。

ここで、「お金を渡させた」と最後まで使役の内容として解釈している④と⑤に絞れるだろう。もちろん漢文の「左右」が「側近」の意味だと知っていれば、「従者」という解釈で、なおさら④・⑤に絞りやすくなる。

④・⑤を分けるのは、「如レ数」の解釈。「如」を「ごとク」と読んでいるからには、「〜どおり」と訳している④のほうが自然な解釈であると傍線部だけでも察しがつくが、この点は文章全体を見ればハッキリと判断できる問題である。

解答 ―― ④

書き下し 吾《われ》左右《さゆう》をして数《すう》の如《ごと》く銭《ぜに》を以《もっ》て之《こ》れに畀《あた》へしむ

最後で間違えた。
自然な解釈を
すればよかった…

文の意味

例題36

問 「理明《ラカナルモ》矣、而或《あるイハ》不レ達《セ》二于事《ニ》一。識《レルモ》二其《ノ》大《ヲ》一矣、而或《イハ》不レ知《ラ》二其《ノ》細《ヲ》一」の傍線部はどういう意味か。最も適当なものを、次の①〜⑤のうちから一つ選べ。

① 理念としては分かっているが、最後まで仕事を成し遂げられない場合がある。
② 理想ははっきりしていても、その実践が時宜にかなっていない場合がある。
③ 理解の仕方が鮮明であっても、それが大事業の達成に至らない場合がある。
④ 物事の処理には明るいが、肝心なことには手の及ばない場合がある。
⑤ 道理には明らかでも、実際の事に通じていない場合がある。

傍線部には特別の句法・語法は含まれていない。選択肢を横に見渡してみれば、句法・語法は設問のポイントでないことがはっきりする。

こんな場合は、**傍線部の前後に対句はないかと検討**してみよう。対句があれば、その部分と比較してみると答えが決まることが多い。

この問題では、直後の一文がほぼ対句になっている。選択肢を見れば、「理」・「明」・「不達」・「事」をどう訳すかがポイントであるから、その解釈を対句の部分と比較するのである。「理」＝「大」、「明」＝「識」、「不達」＝「不知」、「事」＝「細」の関係に気づくだろうか？

対句は、同内容か対立内容のどちらかになるのが普通だが、この場合は、「同内容」である。あとは、この関係に矛盾する選択肢を除外していけばよい。ついでながら、漢文で出合う「理」は、たいてい「道理」の意味であり、これは漢文の試験では頻出事項の一つである。

解答　――⑤

口語訳　理《り》明《あき》らかなるも、或《ある》いは事《じ》に達《たっ》せず

コラム
目で見る漢文④
三国志
主要人物
魏
曹操
いとこ
夏侯惇
孫が魏を滅ぼす
司馬懿
ライバル
呉
孫策
兄
後継
弟
孫権
義兄弟
周瑜
ライバル
蜀
劉備
関羽
義兄弟
張飛
水魚の交わり
諸葛孔明
『三国志』から生まれた故事成語
関羽
劉備
張飛
「桃園の誓い」
諸葛孔明
「泣いて馬謖《ばしょく》を斬る」
馬謖
「三顧の礼」
諸葛孔明
劉備
「白眉《はくび》」
馬良
馬氏の五常、白眉最も良し

設問別攻略法

攻略法 17

語意を問う問題

例年、最も正解率の低い問題に、漢字・熟語の意味や読みを問う問題があります。これは一言で言えば、語彙力の問題です。ぜひ語彙力のアップを図るとともにコツをつかんでください。

語意問題解法マニュアル

❶ **本書の「漢文重要語」(⬇別冊参照)を覚える。**

別冊に収録したのは、最重要語。必ず覚えること。特に、「名詞」と「動詞」は意味が、「熟語・慣用表現」と「副詞」は読みがよく問われる。

❷ **問われている語の品詞を確認する。**

同じ品詞のものを選ぶと正解になることが多い。意味よりまずは、品詞をチェック!

❸解釈に迷う語は、二字の熟語に置き換えてみよう。

その字を含む熟語を思いつくかぎり並べてみて、後は文脈に最適のものを選ぶこと。

❹熟語で出題された問題なら、その熟語の構造を検討する。

出題される熟語は、**同内容**（「○＝◎」）または**対立内容**（「○⇕×」）であることが多い。

❺漢字には、読み方によって意味が異なるものがある。そこで、意味が問われている問題でも、読み方を考えてみよう。

「読み方の違い」が、つまりは「意味の違い」である問題も頻出している。

❻傍線部の外に同内容・対立内容の語がないかをチェックする。

漢文の語意問題は、知識を問う以上に、文中の根拠となる表現をポイントとして出題されるものも多い。漢文の筆者が、言い換えを好むからである。例えば選択肢を二つに絞って迷ったら、それを解く言い換えの表現が傍線部の外にないかをさがしてみよう。

❼（注）、とりわけ同内容・対立内容の語に（注）があれば注意する。

これも大きなポイント。

別冊を読んで、きちんと重要語を勉強しておきます…

語の意味

例題37

問　(ア)「竟」・(イ)「乃」・(ウ)「安」の読み方の組み合わせとして最も適当なものを、次の①～⑤のうちから一つ選べ。

① (ア) ついに　(イ) すなはち　(ウ) いづくんぞ
② (ア) すでに　(イ) なほ　(ウ) いづくにか
③ (ア) ついに　(イ) なほ　(ウ) いづくにか
④ (ア) すでに　(イ) すなはち　(ウ) いづくんぞ
⑤ (ア) ついに　(イ) なほ　(ウ) いづくんぞ

解答　――①

(ア)～(ウ)ともに副詞だ。漢文の試験の語意問題は、副詞の読みや意味をシンプルに問うものも多い。これは、絶対に落とせない問題。別冊の「漢文重要語」をチェック！

語の意味

例題38

問 「悪《にくメバ》レ不《ルヲ》レ衷《ナラ》也」の「悪」と同じ意味の「悪」を含む熟語を、次の①〜⑤のうちから一つ選べ。

（注）衷……中正。偏らず正しいこと。

① 好悪　② 険悪　③ 害悪　④ 悪習　⑤ 悪徳

傍線部の「悪」が「にくむ」という意味であることは、ふり仮名から分かる。熟語での「悪」という字は「わるい」の意味なら「アク」と読み（「善悪」・「悪人」等）、「にくむ」の意味なら「オ」と読む（「憎悪」・「嫌悪」等）。それぞれ①「コウオ」・②「ケンアク」・③「ガイアク」。④「アクシュウ」・⑤「アクトク」と読む。①の読み方は少々迷うかもしれないが、「好悪」の**熟語の構造を考えてみる。**明らかに対立内容（「〇⇕×」）の「このむ」と「にくむ」だと分かる。「悪」は頻出語。

解答 ——①

書き下し 衷《ちゅう》ならざるを悪《にく》めばなり

「悪」は頻出語。
別冊にも掲載して
いるぞい！

語の意味

例題 39

問「変易」の「易」と同じ意味で用いられているのはどれか。最も適当なものを、次の①～⑤のうちから一つ選べ。

① 簡易　② 交易　③ 容易　④ 難易　⑤ 平易

まずは**熟語としての読み方に注目**しよう。「変易」は「ヘンエキ」。①は「カンイ」、②は「コウエキ」、③は「ヨウイ」、④は「ナンイ」、⑤は「ヘイイ」と読む。実はこれで正解が決まる。「易」は、「かえる、かわる」の意味なら「エキ」と読み、「やさしい」の意味なら「イ」と読むのだ。

ついでに熟語としての構造も検討してみよう。「変易」は同内容（「○≒◎」）で、どちらも「かわる、かえる」の意味。①・③・⑤は同内容で「やさしい」の意味。②は同内容で「かわる、かえる」の意味。④は対立内容（「○⇕×」）で「むずかしい」と「やさしい」の意味。熟語の構造を考慮して意味を考えてみれば、答えは明確になる。「易」も頻出語。

解答　②

例題40

問 「道ヒテ二先王ノ法言ヲ一」の「道」と同じ意味で用いられている語として最も適当なものを、次の①～⑤のうちから一つ選べ。

① 人道　② 報道　③ 道理　④ 道程　⑤ 道具

（注）先王法言……昔の聖王が遺《のこ》した、のっとるべき言葉。

実際の試験でも正解率が低かった問題である。でも、「道」が「いふ」という動詞になることを知っていれば簡単。また、**熟語の構造に注目**すれば、②「報道」は、同内容（報《ほう》ず＝道《い》ふ）であると分かるだろう。ほかの選択肢はそれぞれニュアンスは異なるものの、すべて「みち」の意味である。

解答 ——②

書き下し 先王の法言を道《い》ひて

同じ漢字でも、
品詞が違うことも
あるから、注意！

攻略法

18

設問別攻略法

漢詩の規則を問う問題

試験で漢詩が出題される可能性は高くはありません。しかし、出題されたとき、間違いなく設問として問われるのが「漢詩の規則」です。ポイントは、詩型・押韻・対句の3点。ぜひ確実に得点したいものです。

漢文のツボ!

1 詩型

句の数が4句なら絶句、8句なら律詩、どちらでもなければ古詩である。

＊古詩にも、例えば8句のものがあるが、試験では問われない。
この他古体詩に楽府・近代詩に排律があるが、試験では問われない。

2 押韻

① **偶数句末に押韻する。（七言詩は第一句末も押韻するのが原則）**

漢詩は、規則を覚えておけば大丈夫じゃよ

②押韻の箇所を音読みしてローマ字で書いて比較してみる。「韻」（最初の子音を除いた部分の音）が同じになるのが押韻である。

3 対句

①連続する二句の、字数と文法構造（品詞、とくに名詞かその他か）が同じになるものが、対句。

②返り点もそろうことが多い。

③律詩では、第三句と第四句、第五句と第六句が対句になるのが原則である。

●漢詩の規則

詩型			一句の字数	句数	押韻	対句
古体詩	古詩	五言古詩	五字	不定	不定（偶数句末）	不定
		七言古詩	七字		不定（偶数句末）	不定
近体詩	絶句	五言絶句	五字	四句	偶数句末	
		七言絶句	七字	四句	第一句と偶数句末	
	律詩	五言律詩	五字	八句	偶数句末	第三句と第四句 第五句と第六句
		七言律詩	七字	八句	第一句と偶数句末	

● 近体詩の構造

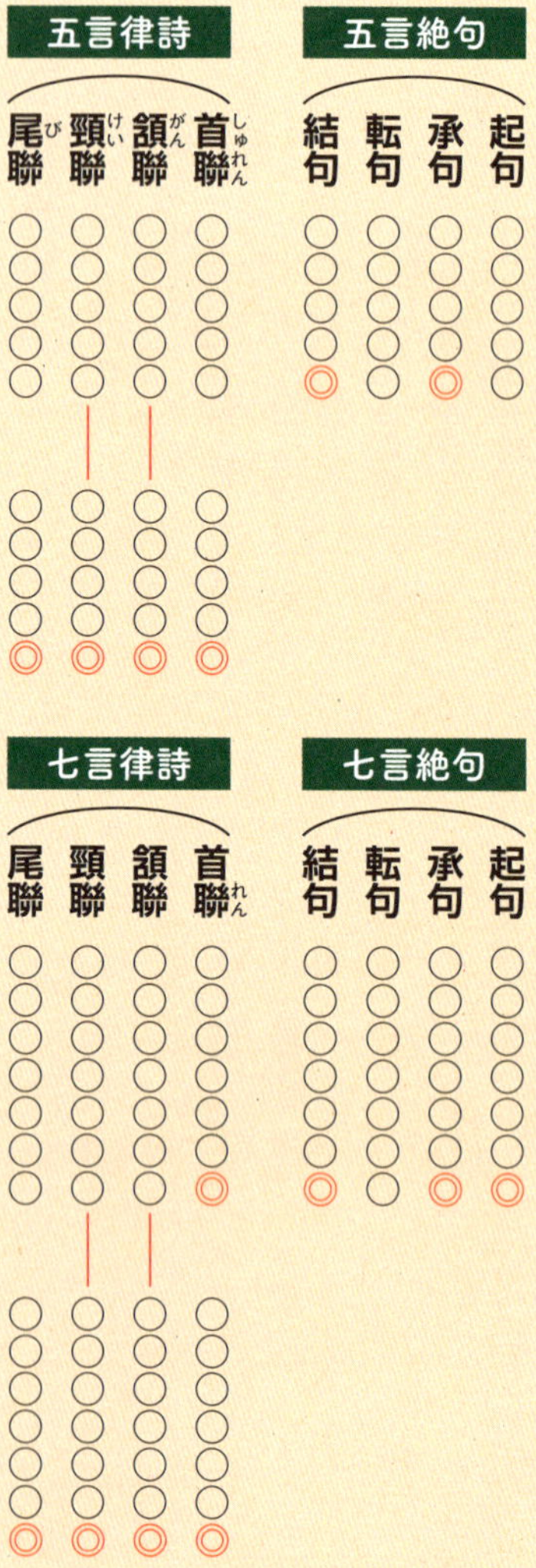

＊◎…押韻の箇所
——…対句の箇所

例題41

放ツレ鷹《たか》ヲ　白《はく》居《きょ》易《い》

❶ 十月鷹出デレ籠《かご》ヲ、
❷ 草枯レテ雉《ち》兎《と》肥ユ。
❸ 下リテレ韝《こう》(注1)ヨリ随《したが》ヒ二指(注2)顧ニ一、
❹ 百擲《てき》(注3)シテ無シ二一[A]一。

❺ 鷹ノ翅《つばさ》疾《はや》キコト如レク風ノ、
❻ 鷹ノ爪《つめ》利《するど》キコト如レシ錐《きり》ノ。
❼ 本為《なり》二鳥ノ所一レト設クル、
❽ 今為ル二人ノ所一レト資スル。
❾ 孰《たれ》カ能ク使ムル二之ヲシテ然ラ一、
❿ 有リ二術ノ甚ダ易《やす》キ一レ知リ。
⓫ 取リ二其ノ向背ノ性ヲ一、
⓬ 制スルハ在リ二飢飽ノ時ニ一。
⓭ 不レ可レカラ使ム二長ク飽カ一、
⓮ 不レ可レカラ使ム二長ク飢エ一。
⓯ 飢ウレバ則チ力不レ足ラ、
⓰ 飽ケバ則チ背キテレ人ニ飛ブ。
⓱ 乗レジテ飢エニ縦《ゆる》シ二搏《はく》(注4)撃スルヲ一、
⓲ 未ダレルトキ飽カ須ク二シ縶《ちふ》(注5)維《ゐ》ス一。
⓳ 所《ゆ》以《ゑ》ニ爪《さう》翅《し》ノ功アルモ、
⓴ 而人坐《ざ》シテ收レム之ヲ。
㉑ 聖明ノ馭《ぎよ》スル二英雄ヲ一、
㉒ 其ノ術モ亦《また》如レシ斯《か》クノ。
㉓ 鄙《ひ》語不レ可レカラ棄《す》ツ、
㉔ 吾聞ケリ二諸《これ》ヲ猟師ニ一。

（『白香山詩集』による）

（注）1韝—鷹を止まらせるために腕につける革具。 2指顧—指さし顧みること。指示。
3擲—投げ放つ。 4搏撃—襲いかかる。 5縶維—つなぐ。

全訳できなくても
問題なしじゃ。
問われるのは、
漢詩のルール！

問一 空欄Aに入る語として最も適当なものを、次の①～⑤のうちから一つ選べ。

① 中　② 遺　③ 敗　④ 至　⑤ 失

問二 この詩の中には対句が用いられている。次の組み合わせの中から双方とも対句であるものを選ぶとすればどれが最も適当か。次の①～⑤のうちから一つ選べ。

① ❶❷と⓫⓬　② ❺❻と⓯⓰　③ ❼❽と⓭⓮　④ ⓭⓮と⓯⓰　⑤ ⓱⓲と㉑㉒

問一　詩型は五言古詩。**古詩も押韻を問われたら偶数句末を確認**すればよい。❷肥hi、❻錐sui、❽資shi、❿知chi、⓬時ji、⓮飢ki、⓰飛hi、⓲維i、⓴之shi、㉒斯shi、㉔師shiと押韻している。

選択肢は①中chu、②遺i、③敗hai、④至shi、⑤失shituだから、②と④に絞り文脈を見る。④では鷹が獲物のもとに「至る」ことがない、の意味になりこれでは鷹狩りはできないので不適。②なら一度も「遺失（失敗・とり残し）」がない、の意味で文脈にも合う。

問二　**品詞・返り点がそろっているかどうかを確認**する。選択肢②は、⓯⓰の品詞・返り点がそろっていない。

解答　問一―②　問二―③

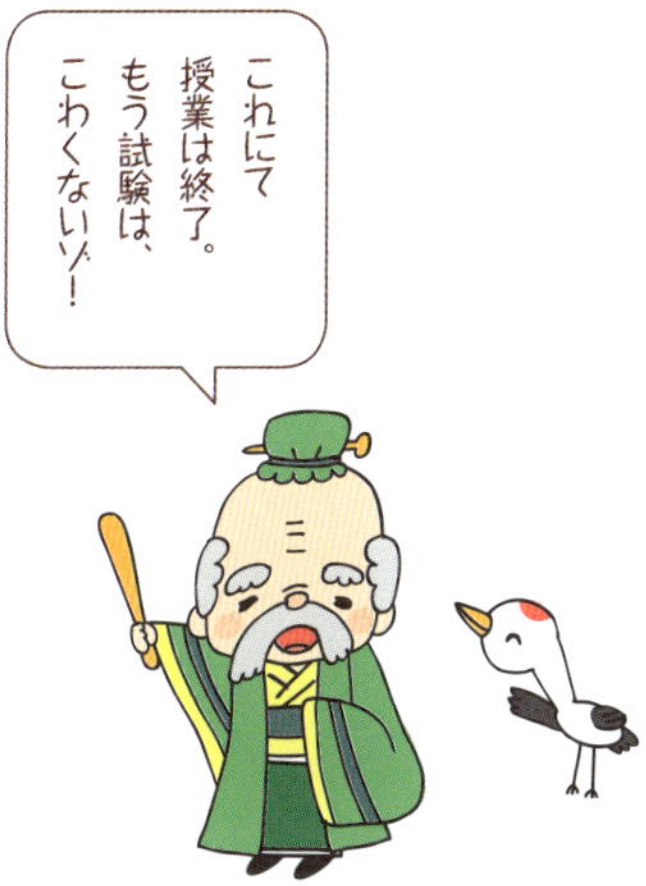
これにて
授業は終了。
もう試験は、
こわくないゾ!

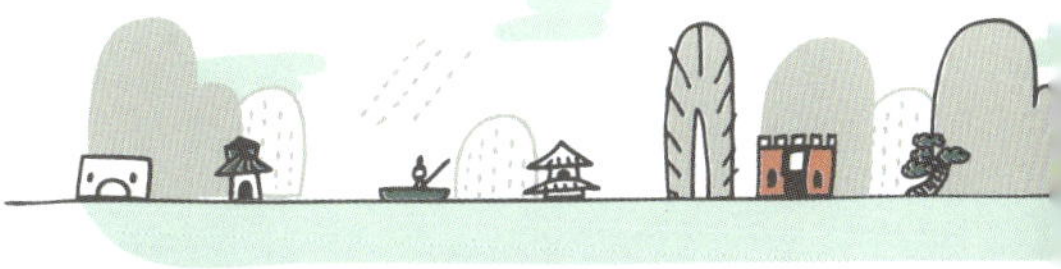

漢文総合問題

一 **次の文章1・2を読んで、後の問いに答えよ。（設問の都合で送り仮名を省いたところがある。）**

文章1

文章2の范文正公は、詩人や文章家としても有名である。その代表作の一つ「岳陽楼記」という文章からは、「天下の憂いに先立ちて憂え、天下の楽しみに後れて楽しむ」（「先憂後楽」、「後楽園」の由来）という有名なフレーズを残している。

文章2

(注1)范《はん》文《ぶん》正《せい》公《こう》少《わかキ》時、嘗《かつテ》詣《いたリ》二霊《れい》祠《しニ》一禱《いのリテ》曰《ハク》、「他時得《ル》レ位《スルヲ》レ相《ニ》乎《かト》。」不レ許《サレ》。復《まタ》禱《リテ》レ之《ニ》曰《ハク》、「不《ンバ》レ然《ラ》、願《ハクハ》為《ラント》二良医《ト》一。」亦《まタ》不レ許《サレ》。既《ニシテ》而嘆《ジテ》曰《ハク》、「夫《そレ》不《ルハ》レ能《ハ》三(注2)利‐沢《スル》(注3)二生民《ヲ》一、非《ズト》二大丈夫平生之志《ニ》一。」他日有《リテ》二人《ノ》謂《フモノ》レ公《ニ》曰《ハク》、「大丈夫之志《スコト》二於相《ニ》一、理《トシテハ》則当《チ》《ニ》《シ》レ然《ル》。良医之技、君何《ゾ》願《フヤ》レ焉《これヲ》。A無《カラン》三乃《チ》失《スルコト》二於卑《ひくキニ》一耶《やト》。」公曰《ハク》、「嗟《あ》乎《あ》、B豈為《ス》レ是哉。古人有《リ》レ云《ヘル》、『常《ニ》善《ク》救《フ》レ人《ヲ》、C故《ニ》無《シト》レ棄《ツル》レ人《ヲ》。』且《かツ》大丈夫之於《ケル》レ学《ニ》也《や》、(ア)固欲《ス》下

遇《あ》ヒ二神聖之君一ニ、得ントレ上行フ二ヲ其ノ道一ヲ。D思フコト下天下ノ匹夫匹婦ニ有ルヲ中不ルレ被ラ二其ノ沢一ヲ者上、若《ごと》シ三己ノ推シテ而内《い》ルルガ二之ヲ溝ノ中一ニ。能ク及ボス二小大ノ生民一ニ者ハ、固(イ)惟相ノミ為スレ然《しか》リト。既ニ不ンバレ可カラレ得矣、夫レ能ク行フ二救フレ人ヲ之心ヲ一者ハ、莫《な》シレ如《し》クハ二良医一ニ。果タシテ能ク為ラバ二良医一ト也、上ハ以テ療《いや》シ二君親之疾《やまひ》ヲ一、下ハ以テ救ヒ二貧民之厄《わざはひ》ヲ一、中ハ以テ保チレ身ヲ長ラフレ年ヲ。E在リテレ下ニ而モ能ク及ボス二小大ノ生民一ニ者ハ、捨《お》キテハ二夫《か》ノ良医一ヲ、則チ未ダル二之レ有ラ一也ト。」

（呉曾《ごそう》『能改斎漫録《のうかいさいまんろく》』）

注 1 **范文正公**——北宋時代の政治家・詩人、范仲淹《はんちゅうえん》（九八九—一〇五二）のこと。
2 **利沢**——利益と恩沢を与えること。
3 **生民**——すべての人々。

問1 傍線部(ア)「固」(イ)「惟」の読み方として最も適当なものを一つ選べ。 1 ・ 2

(ア) ① すなわち ② ことごとく ③ もとより ④ かたく ⑤ つねに
(イ) ① また ② かつて ③ たまたま ④ ただ ⑤ およそ

問2 傍線部A「無㆔乃失㆓於卑㆒耶。」のように、ある「人」が言うのはなぜか。その説明として最も適当なものを一つ選べ。 3

① 医者になろうと願うことによって、低い官職をも失うことになると考えたため。
② 医者になるという願いが、宰相の次に挙げるものとしてはあまりに低いと考えたため。
③ 宰相への願いを卑俗な祠《ほこら》のお告げだけで断念するのは、あまりに軽率であると考えたため。
④ 宰相になれないから医者になりたいと願うのは、初志を曲げる卑怯《ひきょう》なことだと考えたため。
⑤ 医療技術を磨くばかりでは、貧しい人々を救おうとする高い倫理観を失うことになると考えたため。

問3 傍線部B「豈為㆑是哉。」の読み方として最も適当なものを、一つ選べ。 4

① あにぜのためならんや。 ② あにぜをなさんかな。
③ あにこれをなさんかな。 ④ あにこれがためならんや。
⑤ あにこれがためなるかな。

問4 傍線部C「故無㆑棄㆑人。」の「人」は、范文正公の言葉の中ではどのような人に当たるか。最も適当なものを、一つ選べ。 5

① 相 ② 良医 ③ 君親 ④ 生民 ⑤ 大丈夫

書き下し文

范文正公《はんぶんせいこう》少《わか》き時《とき》、嘗《かつ》て霊《れい》祠《し》に詣《いた》り禱《いの》りて曰《い》はく、「他時《たじ》相《しやう》に位《くらゐ》するを得《う》るか」と。許《ゆる》されず。復《ま》た之《これ》に禱《いの》りて曰《い》はく、「然《しか》らずんば願《ねが》はくは良医《りやうい》と為《な》らん」と。亦《ま》た許《ゆる》されず。既《すで》にして嘆《たん》じて曰《い》はく、「夫《そ》れ生民《せいみん》を利沢《りたく》する能《あた》はざるは、大丈夫《だいぢやうふ》平生《へいぜい》の志《こころざし》に非《あら》ず」と。他日《たじつ》人《ひと》の公《こう》に謂《い》ふもの有《あ》りて曰《い》はく、「大丈夫《だいぢやうふ》の相《しやう》に志《こころざ》すこと、理《り》としては則《すなは》ち当《まさ》に然《しか》るべし。良医《りやうい》の技《わざ》、君《きみ》何《なん》ぞ焉《これ》を願《ねが》ふや。乃《すなは》ち卑《ひく》きに失《しつ》すること無《な》からんや」と。公《こう》曰《い》はく、「嗟乎《ああ》、豈為是哉。古人《こじん》云《い》へる有《あ》り、『常《つね》に善《よ》く人《ひと》を救《すく》ふ、故《ゆゑ》に人《ひと》を棄《す》つる無《な》し』と。且《か》つ

問5 **傍線部D「思下天下匹夫匹婦有中不レ被二其沢一者上、若三己推而内二之溝中一。」の解釈として最も適当なものを、一つ選べ。** 6

① 天下の人民一人でもその恩沢に浴さない者があれば、自分がその人間を溝の中へ突き落としたかのように思う。

② 天下の人民一人でもその恩沢に浴さない者があれば、自分がその人間に溝の中に突き落とされたかのように思う。

③ 天下の人民一人一人が互いに恩恵を与えあわなければ、自ら進んでその人間を溝の中に突き落としたかのように思う。

④ 天下の人民一人でもその恩沢に浴さない者があれば、わが身に推し量って自分が溝の中に落ち込んだかのように思う。

⑤ 天下の人民一人一人が互いに恩恵を与えあわなければ、彼ら自身押しあって、溝の中に突き落としているかのように思う。

問6 **傍線部E「在レ下」の意味として最も適当なものを、一つ選べ。** 7

① 臣下であっても　② 若い時であっても　③ 低い官位にあっても

④ 貧しい時であっても　⑤ 在野の身であっても

問7 **范文正公の言葉の主旨として最も適当なものを、一つ選べ。** 8

① 祈禱《きとう》の結果などに惑わされず、理性的な志を持つのが、大丈夫の生き方である。

② 神聖の君に会うことによって、貧しい人々の災いを救うのが、大丈夫の志である。

③ 宰相であれ良医であれ、人々に恵みを及ぼすことこそ、大丈夫の志とすべきこ

大丈夫《だいぢやうふ》の学《がく》に於《お》けるや、固《もと》より神聖《しんせい》の君《きみ》に遇《あ》ひ、其《そ》の道《みち》を行《おこな》ふを得《え》んと欲《ほっ》す。天下《てんか》の匹夫匹婦《ひつぷひつぷ》に其《そ》の沢《たく》を被《かうむ》らざる者《もの》有《あ》るを思《おも》ふこと、己《おのれ》の推《お》して之《これ》を溝《こう》の中《うち》に内《い》るるが若《ごと》し。能《よ》く小大《せうだい》の生民《せいみん》に及《およ》ぼす者《もの》は、固《もと》より惟《た》だ相《しやう》のみ然《しか》りと為《な》す。既《すで》に得《う》べからずんば、夫《そ》れ能《よ》く人《ひと》を救《すく》ふの心《こころ》を行《おこな》ふ者《もの》は、良医《りやうい》に如《し》くは莫《な》し。果《は》たして能《よ》く良医《りやうい》と為《な》らば、上《かみ》は以《もっ》て君親《くんしん》の疾《やまひ》を療《いや》し、下《しも》は以《もっ》て貧民《ひんみん》の厄《わざはひ》を救《すく》ひ、中《なか》は以《もっ》て身《み》を保《たも》ち年《とし》を長《なが》らふ。下《しも》に在《あ》りて而《しか》も能《よ》く小大《せうだい》の生民《せいみん》に及《およ》ぼす者《もの》は、夫《か》の良医《りやうい》を捨《お》きては、則《すなは》ち未《いま》だ之《こ》れ有《あ》らざるなり」と。

とである。

④　宰相になるより医者になって人々に恵みを及ぼす方が、大丈夫の志にかなうことである。

⑤　良医になるより宰相になって人々に恵みを及ぼす方が、大丈夫の志にかなうことである。

二　**次の文章と詩は、いずれも宋代の学者朱熹《しゅき》（朱子）の作とされるものである。これを読んで、後の問いに答えよ。（設問の都合で送り仮名を省いたところがある。）**

大《たい》抵《てい》観《み》ルニハ（注1）レ書ヲ、A先須三熟読、使二其言皆若レ出二於吾之口一。継《つ》グニ以テシ二精思ヲ一、使二其意皆若レ出二於吾之心一。然ル後可キ二以テ有ルレ得ルコト爾。（あ）」（イ）至リテハ二於文義ニ有リテレ疑ヒ、衆説紛（注2）錯スルニ一、則チ亦《また》虚心静慮シテ、B勿カレ三遽《にはか》ニ取二捨スル於其ノ間ニ一。」（ロ）先ヅ使メテ三一説ヲシテ自ラ為《た》ラ二一説一而随《したが》ヒ二其ノ意之所ニレ之《ゆ》ク、以テ験《しら》ブレバ二其ノ通（注3）塞《そく》ヲ一、則チC其ノ尤《もつと》モ無キ二義理一者、不シテレ待タ観ルヲ二於他説ヲ一而先ヅ自ラ屈セン矣。」（ハ）復《また》以テ二衆説ヲ一互《たが》ひニ（注4）相詰難シテ而求メ二其ノ理ノ所ヲレ安ンズル、以テ考フレバ二其ノ是非ヲ一、則チ似テレ是《ぜ》ニ而非ナル者ハ、亦《また》（い）将下奪ハレテ二於公論ニ一而無カラント中以テ立ツコト上矣。」（ニ）

大抵《たいてい》徐（注5）行却立シ、処《を》リテレ静ニ観《み》ルコトヲレ動ヲ、如クスレ攻《をさ》ムルガ（注6）二堅木ヲ一。先ニシテ二其ノ易《やす》キ者ヲ一而後ニスルコト二其ノ節ヲ一目ヲ一、如クスレ解クガ二乱縄ヲ一。有レバレ所レ不ルレ通ゼ、則チ姑《しばら》ク置キテ而徐《おもむろ》ニ理《をさ》ムレ之ヲ。此レ読書之法也。

（『朱子文集』）

注
1 観レ書——四書五経などを読み、考察する。
2 紛錯——いりみだれる。
3 通塞——通じるか通じないか。
4 詰難——欠点を非難し問いつめる。
5 徐行却立——ゆっくり進みまた立ちどまる。
6 攻——細工する。

偶成

少年易クレ老イ学難シレ成リ　少年《しょうねん》老《お》い易《やす》く学成《がくな》り難《がた》し　若い時代はすぐに終わり、学問はなかなか成就しない。

一寸ノ光陰不レ可カラレ□　一寸《いっすん》の光陰《こういん》□べからず　わずかな時間すらも、おろそかにしてはならないのだ。

未ダレ覚メ池塘春草ノ夢　未《いま》だ覚《さ》めず池塘春草《ちとうしゅんそう》の夢　池のほとりの春の草が萌え出した夢からまだ覚めきらないうちに、

階前ノ梧葉已ニ秋声　階前《かいぜん》の梧葉已《ごようすで》に秋声《しゅうせい》　庭先の青桐の葉を落とす秋になったことに驚くのだ。

問1　傍線部(あ)「爾」(い)「将」と同じ用法を持つ語として最も適当なものを一つ選べ。 [1]・[2]

(あ)　① 況　② 耳　③ 肯　④ 苟　⑤ 雖

(い)　① 当　② 蓋　③ 須　④ 宜　⑤ 且

問2　傍線部Ａ「先須㆔熟読、使㆓其言皆若㆒㆑出㆓於吾之口㆒。」の書き下し文として最も適当なものを、一つ選べ。［3］

①　まづまさに熟読し、その言をして皆吾の口より出づるがごとからしむべし。
②　まづよろしく熟読し、その言の皆をして吾の口に出づるがごとからしむべし。
③　まづすべからく熟読し、その言をして皆吾の口より出づるがごとからしむべし。
④　まづまさに熟読し、その言の皆をして吾の口に出づるがごとからしむべし。
⑤　まづよろしく熟読し、その言をして皆吾の口より出づるがごとからしむべし。
⑥　まづすべからく熟読し、その言の皆をして吾の口に出づるがごとからしむべし。

問3　傍線部Ｃ「其尤無㆓義理㆒者、不㆑待㆑観㆓於他説㆒而先自屈矣。」の解釈として最も適当なものを、一つ選べ。［4］

①　そのもっとも道理に外れたものは、他説を参考にしようとせず、しだいになげやりになる。
②　そのもっとも道理に合わぬものは、他説をみるまでもなく、ひとりでになりたたなくなる。
③　そのもっとも道理を欠いたものは、他説を受け入れようともせず、自然にかたくなになる。
④　そのもっとも道理に反するものは、他説と照らし合わせるまでもなく、先に批判すべきだ。
⑤　そのもっとも道理にそぐわぬものは、他説と比較するまでもなく、自説を撤回すべきだ。

書き下し文

大抵《たいてい》書《しよ》を観《み》るには、（設問箇所につき省略）継《つ》ぐに精思《せいし》を以《もつ》てし、其《そ》の意《い》をして皆吾《みなわれ》の心《こころ》より出《い》づるがごとくならしむ。然《しか》る後《のち》以《もつ》て得《う》ること有《あ》るべきのみ。文義《ぶんぎ》に疑《うたが》ひ有《あ》りて、衆説紛《しゆうせつふん》錯《さく》するに至《いた》りては、則《すなは》ち亦《また》虚心静慮《きよしんせいりよ》して、遽《にはか》に其《そ》の間《かん》に取捨《しゆしや》する勿《な》かれ。先《ま》づ一《いつ》説《せつ》をして自《みづか》ら一説《いつせつ》為《た》らしめて其《そ》の意《い》の之《ゆ》く所《ところ》に随《したが》ひ、以《もつ》て其《そ》の通塞《つうそく》を験《しら》ぶれば、則《すなは》ち其《そ》の尤《もつとも》義理《ぎり》無《な》き者《もの》は、他説《たせつ》を観《み》るを待《ま》たずして先《ま》づ自《おのづか》ら屈《くつ》せん。復《ま》た衆説《しゆうせつ》を以《もつ》て互相《たがひ》に詰難《きつなん》して其《そ》の理《り》の安《やす》んずる所《ところ》を求《もと》め、以《もつ》て

問4 この文章を論旨の展開上、三段落に分けるとすれば、㋑～㊁のどこで切れるか。最も適当なものを、一つ選べ。 5

① ㋑と㋺　② ㋑と㋩　③ ㋑と㊁　④ ㋺と㋩　⑤ ㋺と㊁

問5 詩の空欄に入る語として最も適当なものを、一つ選べ。 6

① 怠　② 過　③ 知　④ 軽　⑤ 忘

問6 筆者は、文章の中で読書の方法として、まず熟読精思し、解釈に疑問が生じた場合にはどうすべきだといっているか。最も適当なものを、一つ選べ。 7

① 似て非なる説を敬遠する読み方をすべきである。
② それぞれの説の特徴をとりいれた読み方をすべきである。
③ 最初に自説にかなった説を選ぶ読み方をすべきである。
④ 諸説の是非をゆっくり検討していく読み方をすべきである。
⑤ 前後の文脈から解決の手がかりを求める読み方をすべきである。

其《そ》の是非《ぜひ》を考《かんが》ふれば、則《すなは》ち是《ぜ》に似《に》て非《ひ》なる者《もの》は、亦将《またまさ》に公論《こうろん》に奪《うば》はれて以《もつ》て立《た》つこと無《な》からんとす。大抵徐《たいていじよ》行却立《かうきやくりつ》し、静《せい》に処《を》りて動《どう》を観《み》ること、堅木《けんぼく》を攻《をさ》むるが如《ごと》くす。其《そ》の易《やす》き者《もの》を先《さき》にして其《そ》の節目《せつもく》を後《あと》にすること、乱縄《らんじよう》を解《と》くが如《ごと》くす。通《つう》ぜざる所《ところ》有《あ》れば、則《すなは》ち姑《しばら》く置《お》きて徐《おもむろ》に之《これ》を理《をさ》む。此《こ》れ読書《どくしよ》の法《はふ》なり。

解答・解説

一

解答

問1 (ア) 1―③　(イ) 2―④
問2 3―②
問3 4―④
問4 5―④
問5 6―①
問6 7―⑤
問7 8―③

【取り組み方】 まずは、文章1の日本語での情報と、（注）と設問をサッと見渡して情報収集をしよう。「范文正公」（注1）が「すべての人々」（注3）に「利益と恩沢を与える」（注2）のを目指した文章であり、そのために宰相か医者になりたいと考えていた（問2・7）ということが把握できる。とくに最後の設問（問7）では、「范文正公の言葉の主旨」がテーマであり、どのような生き方が「大丈夫の志にかなうこと」であるのかが具体的な内容として記された文章であることがつかめるはずだ。漢文の文章を読みだす前に、その内容を日本語の情報として把握してしまう――情報処理を重視する共通テストとして、大変に重要且つ有効な取り組み方である。

それぞれの設問を解いた後（や、迷った時）には、設問のつながりを確認しよう。問1→2→3→4→5→6→7と、選んだ選択肢をつなげてみて矛盾がなければ満点だ（矛盾がある答えは修正しよう）。

【解説】

問1 (ア)「固」は、頻出する副詞「もとより」（→別冊p20）。(イ)「惟」は、頻出する副詞「ただ」（→別冊p19）。限定の句形も構成する（→p236）。

問2 「無《なカラン》二乃《チ》〜一耶《ヤ》」は、「〜ではないですか」と相手に同意を求めるときに使われるやや特殊な反語。頻出するものではなく、特にポイントにもなっていない。**選択肢を横に見渡せば**「失二於卑一」の解釈がポイントだと分かる。「〜に失す」は「〜でありすぎる」の意味で現代語でも使っている表現であり、「卑きに失す」は「低すぎる」と訳すことになる。

問3 **「豈」は反語で文末を「んや」で結ぶ**から、選択肢を横に見渡して①・④に絞れる。①は「どうして正しいこ

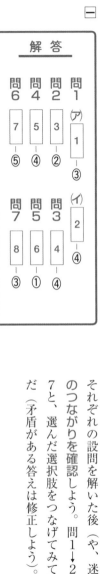

とのためであろうか、いや正しいことのためではない」の意となり、文中で意味の通る読み方にはならない。④は「どうしてこんな理由であろうか、いやこんな理由ではない（医者をめざすのは技術を身につけることが目的ではない）」となり、こちらが正解。文章中で意味のよく通る読み方を選ぶことが大切。

問4 傍線部は直前の一句と対句である。少なくとも「善棄人」と「無救人」の「人」が同じものであることは分かるだろう。その「救人」に対応する表現であり、同内容になっているのが「利沢生民」であると気づけば答えが決まる。「生民」の（注）もポイントになっているようである。文章1の情報から、社会に貢献したい、天下の人々のために尽くしたいという意識の高い筆者の文章であるのを理解しておくことも役に立つはず。

問5 選択肢を横に見渡して、「不被其沢者」の解釈で③・⑤がまず除外される。後半は「之ヲ」という読み方に注目できれば、「その人間を」と訳している①に絞ることになる。

問6 宰相になれないなら医者をめざしたいという趣旨を見失わずに、医者とはどんな立場の人かを考えれば答えが決まる。「在野」とは「民間」のことであり、「お上」に対する「下じもの身」ということになる。

問7 ①は「祈禱の～持つ」、④は「宰相になるより医者になって」、⑤は「良医になるより宰相になって」が不適。②は「貧しい人々の」が「生民」の解釈として不十分。

【口語訳】

范仲淹がまだ若かった時のこと。ある時、霊験あらたかな社に詣で祈って言った「私はいつの日か宰相の地位につくことができるでしょうか」と。願いはかなわなかった。そこでもう一度祈って言った「宰相の位がかなわぬのなら、良医にならせて下さい」と。この願いもまたかなわなかった。まもなくして、ため息をついて言った「いったい、万民に利益と恩沢を与えることができない人生は、大丈夫たる私の平生の志に合わない」と。

後日ある人が范仲淹に言った「大丈夫たるあなたが宰相を志すことは、道理として当然のことでしょう。しかし、良医の技量などどうして願うのですか。（大丈夫たる者の志としては、）低すぎるのではないでしょうか」と。

范仲淹が言った「ああ、医者になりたいと言うのは技術を身につけることが目的ではありません。古人の言葉に『いつもうまく人を助ける、だから人を見捨てることがない』

とあります。それに、大丈夫たる者学問をするのは、優れた君主に出会い、そのもとで政治を行いたいと考えてのことです。天下の人民の中に一人でもその恩沢に浴さない者があれば、自分がその人間を溝の中へ突き落としたかのように思うのです。世のすべての人々に政治の恩沢を及ぼすことができる職といえば、もちろん宰相だけです。だから、もし宰相になることができないというのであれば、人を救いたいという平生の志を実現できる仕事としては、良医が一番です。もし良医になれるならば、一方では君親の病を治してさし上げられますし、他方では貧民の苦しみを救ってやれるでしょうし、また一方では自身の健康を保ち長生きもできましょう。在野の身であっても、世の人々を救うことができる仕事は、この良医をおいて他にありません」と。

二

解答

問1　(あ) 1—②　(い) 2—⑤
問2　3—③
問3　4—②
問4　5—③
問5　6—④
問6　7—④

【取り組み方】まずは、（注）と設問をサッと見渡して情報収集をしよう。（注）にまとめて目を通せば、学術論の文章だとわかる。設問にまとめて目を通せば、問6の問いから「筆者は、読書の方法として、まず熟読精思し、解釈に疑問が生じた場合にはどうすべきだといっているか」という話題と文章を読む方針が確認できる。共通テストでは、とにかく情報処理が大切なのだ。

【解説】

問1　(あ)「爾」は、「而已」や「耳」と同じく文末の助詞「のみ」。「ただ」（唯など）とセットで限定の句形を構成することも多い。（→p237）

(い)「将」は、「且」と同じく再読文字。正解以外の選択肢の語も、すべて再読文字として使われる（→p180）。

問2　再読文字「須」の読み方で③と⑥に絞る。「言葉が口から出る」と言うから、③「口より」のほうが、⑥「口に」より丁寧な読み方だが、これは決め手にならない。問題は**使役の読み方**である。「使」に続く使役の対象は名詞であり、だからこそ格助詞「をして」がつく。ところが漢文の「皆」はすべて副詞であり、名詞にならない。よって「皆をして」と読むことは不可能である。本文中に同様表現として「使一説自」がある。

問3 傍線部に細かいポイントがあるにはあるが、最も大事なのは「先使一説～先自屈矣」と「復以衆説～無以立矣」、とりわけ傍線部と「似是～立矣」が対応する表現になっていることに気づくかどうかである。「屈」＝「無以立」、つまり「なりたたなくなる」と解釈することになる。**漢文の随筆では、対句・対応表現が使用されることが多く、これがあれば試験でも設問のポイントになる**のが普通である。

問4 漢文の試験で段落分けが問われたら、**まずは切れ目の文頭の語を比べてみよう。**何らかの法則性があるからこそ段落分けが出題されるのだ。この場合は「大抵」が冒頭の話題提示と最後の結論の部分で繰り返されているのがポイントである。㊁で切れている③と⑤に絞る。㋑の後～㊁の前は疑問点の解決方法を述べている一連の部分なので、ここで切ることは出来ない。よって⑤は不適。

問5 **漢詩の句末の空欄補充は、まず押韻を確認するのが鉄則だ**（→p302）。押韻でしぼりきれなかった場合には、残った選択肢を文脈に照合させる。七言の詩は、第一句と偶数句の句末に押韻する原則である。これを音読みしてみる。「成」sei（第一句）、「声」sei（第四句）と押韻しているから、④「軽」kei が正解。空欄に「軽」が入って「軽んずべからず」と読めば、「おろそかにしてはならない」という訳にも矛盾しない。

問6 ①「似て非なる説」・②「特徴をとりいれた」・③「自説にかなった」・⑤「前後の文脈から」がそれぞれ不適。問3②「道理に合わぬもの」→問7④「諸説の是非」という設問のつながりを確かめて正答を選ぶのも大切な方法だ。

【口語訳】

一般に四書五経などを読み、考察する場合は、まずそこに書かれたことが、皆自分の口から出たと思えるまでに熟読する必要がある。その次はその内容が、皆自分の心から出たと思えるようになるまでじっくり考察する。そうした後でこそ本当の意味で納得することができる。

文章の意味に疑問点があり、多くの説が入り乱れている場合は、先入観を廃して冷静に考えるのであり、慌ててそれら様々な説の中から取捨選択してはならない。まず、ある一つの説を一つの説として取り上げ、その解釈に従って読み進め、意味が通じるか通じないかを調べると、特に道理に合わない説は、他説を見るまでもなく、ひとりでに成り立たなくなる。また、様々な説を突き合わせ互いに欠点を問い詰め、道理が落着する地点を探し、それぞれの説の正しい点・正しくない点を考察すれば、一見正しいようで実際は正しくない説は、公平な議論に論拠を奪われ、成り立たなくなる。

一般に、ゆっくり進んではまた立ち止まり、自分を冷静に保って（論理の）動きを読み取るのだ。堅い木を細工する時のように、やさしい箇所から読んでゆき、節目となる難しい箇所は後回しにするのだ。乱れた縄をほどく時のように、解けない箇所があれば、しばらく放置し、ゆっくり細かく読み解いてゆく。これが読書の方法である。

きめる！　共通テスト古文・漢文

本文デザイン	石松あや（しまりすデザインセンター）、石川愛子
巻頭特集デザイン	宮嶋章文
イ ラ ス ト	せり★のりか（キャラクター）、白瀬綾子（コラム）、関谷由香理（巻頭特集）、Haiji（別冊）
編 集 協 力	原郷真里子、岩崎美穂、松本裕希、高木直子、加藤陽子、関谷由香理
デ ー タ 作 成	株式会社 四国写研
データ作成協力	亀井敏夫、寺林温子
印 刷 所	株式会社 リーブルテック

読者アンケートご協力のお願い

※アンケートは予告なく終了する場合がございます。

この度は弊社商品をお買い上げいただき、誠にありがとうございます。本書に関するアンケートにご協力ください。右のQR コードから、アンケートフォームにアクセスすることができます。ご協力いただいた方のなかから抽選でギフト券（500 円分）をプレゼントさせていただきます。

アンケート番号：　305185

CJ

Gakken

きめる! KIMERU SERIES

［別冊］

古文・漢文 Classical Japanese

古文重要語＆漢文重要語

←この別冊は取り外せます。矢印の方向にゆっくり引っぱってください。

古文

◉現古異義語

◉古文特有語

◉複数の意味のある語・多義語

◉慣用表現

◉呼応の副詞

◉注目の敬語

漢文

◎名詞

◎人称代名詞

◎熟語・慣用表現

◎接続詞

◎動詞

◎形容詞

◎副詞

古文

◉現古異義語

名詞

ことわり	道理
けしき	人間・自然の様子
まうけ	準備
しるし	効果
かたち	容貌《ようぼう》
いそぎ	準備
きは	身分
うち	宮中・天皇
としごろ	長年・数年来
ひごろ	数日来
かげ	光・姿
さはり	差《さ》し障《さわ》り・障害

動詞

まうく	準備する・用意する
たのむ	（下二段）あてにさせる
とぶらふ	尋ねる・見舞う
やつす	目立たなくする
おどろく	目が覚める
ときめく	時流に乗って栄える・寵愛《ちょうあい》をうける
なやむ	病気になる（＊女性の場合は、妊娠を意味することが多い）

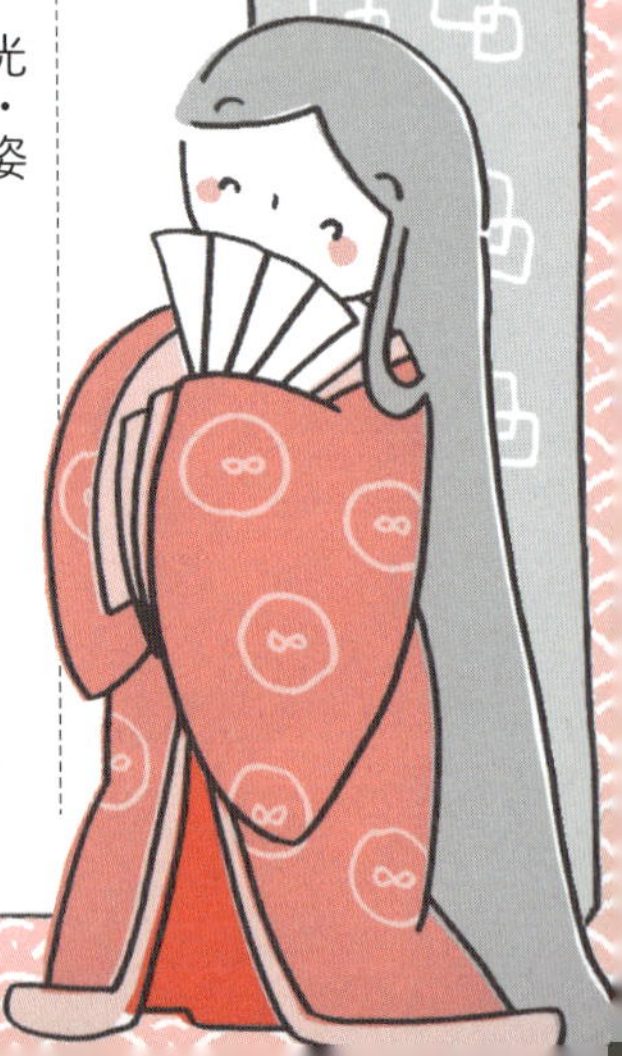

おこたる	病気がなおる
わたる	移動する（＊「〜わたる」は、一面に〜する）・〜し続ける
おこなふ	仏道修行をする
やる	派遣する・物を送る
ののしる	大声をあげる・騒ぐ
したたむ	取り締まる・食べる
かしづく	大切に育てる
わぶ	悩む・困る・つらいと思う
にほふ	花が咲く・照り映える
まもる	じっと見る

形容詞

なめし	無礼だ
らうたし	かわいい・いじらしい
めでたし	すばらしい
はづかし	立派だ・すばらしい
ありがたし	めったにない
くちをし	（自分以外のものが）残念だ
めづらし	すばらしい
つらし	薄情《はくじょう》だ・恨《うら》めしい
あたらし	惜しい・残念だ
さうざうし	寂しい・物足りない
うつくし	かわいい
うるはし	端正だ・うつくしい
すごし	荒涼として物寂《ものさび》しい・寒々しい
こころぐるし	気の毒だ
なまめかし	優美だ・優雅だ
すさまじ	しらける感じだ
なつかし	心引かれる様子だ

こころにくし	奥ゆかしい
むつかし	不愉快だ・気分が悪い
はしたなし	中途半端だ・きまりが悪い
うしろめたし	気がかりだ・心配だ
こころもとなし	じれったい・待ち遠しい
おとなし	大人びている

形容動詞

いたづらなり	無駄だ・役にたたない
あからさまなり	ちょっと・仮に
おろかなり	おろそかだ・いい加減だ
あながちなり	強引だ・むやみだ

副詞

さすがに	そうはいうものの（やはり）
かたみに	互いに
やをら	しずかに・そっと
なほ	やはり
なかなか	かえって
いつしか	早く
ここら	たくさん
すでに	まぎれもなく

連体詞

かかる	このような
さる	そのような＝「しかる」
させる	大した
ありし	昔の・以前の

◉古文特有語

接続詞	
さらば	（仮定）それならば

名詞	
うつつ	現実
よし	主旨・趣旨
ほだし	出家の妨げになる家族
うしろみ	後見人
あいぎゃう	かわいらしさ
ざえ	（学問・漢文の）才能
ひがごと	間違い

動詞	
かこつ	不平をいう
おきつ	計画する・決定する
なづさふ	慣れ親しむ
みまかる	死ぬ
かる	離れる
ありく	歩き回る　＊（「～ありく」で、）～してまわる・～し続ける
かずまふ	（すばらしいものの）数に入れる
なづむ	こだわる

形容詞	
ゆかし	（心ひかれて）～したい
うし	（自らのことで）つらい・情けない
つきづきし	ふさわしい・似つかわしい

あやなし	筋が通らない・わけがわからない
くまなし	暗い部分がない・くもりがない
びんなし	不都合だ
めやすし	見た感じがいい
あさまし	驚きあきれるほど（すばらしい・ひどい）
こころづきなし	気にくわない
うたてし	いやだ
いぶせし	気分が晴れない・不愉快だ
よしなし	意味がない・具合が悪い

形容動詞

なのめなり	いい加減だ・ふつうだ
あやにくなり	意地が悪い
こころづくしげなり	物思いの限りを尽くす様子だ

副詞

ひしと	すきまなく・びっしりと
せちに	ひたすら・しきりに
ここら	たくさん

連体詞

ありぬ	以前の

接続詞

されば	（確定）だから・やはり
しからば	（仮定）それならば
しかれば	（確定）だから
さるは	（逆接）それなのに

助詞	
ものから	（逆接）のに・けれども
だに	（類推）さえ （最小限）せめて〜だけでも
さへ	（添加）〜までも、その上
ながら	（逆接）けれども （全部）そっくりそのまま
もがな	（詠嘆的願望）〜があればいいなぁ
てしがな（にしかな）	（詠嘆的願望）〜したいなぁ
なむ（終助詞）	（誂《あつら》え＝他者への願望）〜してほしい
ばや	（自己の願望）〜したい

◉複数の意味のある語・多義語

名詞	
いかで（いかにして）	①何とかして（＋希望・意志） ②どうして（＋推量）
たより	①縁故 ②機会・ついで ③手段 ④配置
つとめて	①早朝 ②翌朝
ふるさと	①生まれた土地 ②なじみの土地 ③旧都・荒都

動詞	
しる	①治める ②理解する ③経験する
ながむ 〔眺む〕	物思いに沈む
ながむ 〔詠む〕	詩歌を口ずさむ

おぼゆ
①思われる・感じる　②似ている　③思い出される

ぐす
①連れていく　②連れ添う　③持つ

かづく
〔四段〕　褒美を頂く・肩にかける
〔下二段〕　褒美《ほうび》を与える

ものす
①行く・来る　②食べる・飲む
＊様々な動詞のかわりをするその中で、特に左のような例が多い。

あり
①ある・いる　②続ける
＊「とあり」…～と詠む・～と言う
＊「あらぬ」…別の・下手な

みゆ
①見える　②思われる　③見られる

形容詞

かたはらいたし
①いたたまれない・気の毒だ　②きまりが悪い

さうなし
〔双無し〕　比類のない
〔左右無し〕　迷いがない・すぐに

いみじ
①すばらしい　②ひどい　③程度がはなはだしい

ゆゆし
①不吉だ　②はなはだしい

あやし
①妙だ・不思議だ　②粗末だ・みすぼらしい　③身分が低い

かしこし
〔賢し〕　①賢い・優れている　②たいそう・ひどく
〔畏し〕　①恐れ多い　②恐ろしい

かなし
〔愛し〕　愛しい・かわいい
〔悲し〕　悲しい

おぼつかなし
①はっきりしない　②不安だ・気がかりだ　③待ち遠しい

形容動詞

まめなり	①真面目だ　②細かい　③実用的だ
すずろなり	①何ということもない・わけもない　②むやみだ・やたらだ
かたくななり	①無教養だ　②ぎこちない

副詞

おのづから	①自然と　②偶然に　③ひょっとして・もしかしたら
やがて	①すぐに　②そのまま

◉慣用表現

あかず	満足しない
さるべき	適当な・しかるべき　(理由)前世からの因縁
あなかま給へ	あぁ、うるさい静かにして下さい
あへず	①~しきれない　②完全には~できない
いざ給へ	さぁ、いらっしゃい
せむかたなし	どうしようもない
よき人	身分の高い人
寝《い》も寝《ね》ず	安眠できない ↕「寝《い》を寝《ぬ》」
世を出づ(捨つ)	出家する
さらぬ別れ	死別

えならず えも言はず	何とも言えないほど（すばらしい）
さればよ さればこそ	やっぱり
数ならず	身分が低い
格子参る	格子をお上げ（お下げ）申し上げる
あらまほし	そうありたい・理想的だ
心ある人	風流を解する人 ↕「心なき人」
さばれ	ままよ、どうにでもなれ
言はむ方なし	言いようがない
言ふもおろか 言へばおろか	とても言い尽くせない
人やりならず	自分の心からする
～こそあらめ	～はよいだろうけれど
いたづらになる	死ぬ
いかがはせむ	どうしようもない

◉呼応の副詞

をさをさ～打消	めったに～ない
つゆ～打消	少しも（全く）～ない
いかで～推量	（疑問）どうして～だろうか （反語）どうして～だろうか、いや～ない
いかで～意志・願望	何とかして～よう・～たい
よも～じ	まさか～まい
え～打消	～できない
さらに～打消	まったく（決して）～ない
いと～打消	たいして（あまり）～ない

な〜そ	〜（し）ないでくれ
ゆめ〜な	決して（絶対に）〜するな

◉注目の敬語

たまふ	〔本動詞〕	①四段活用（尊敬語）　お与えになる・下さる ②下二段活用（謙譲語）　いただく
	〔補助動詞〕	①四段活用（尊敬語）　お〜になる ②下二段活用（謙譲語）　〜させていただく・〜存じます
まゐる	〔本動詞〕	①謙譲語　参上する ②謙譲語　〜て差し上げる ③謙譲語　差し上げる ④尊敬語　召し上がる
まゐらす	〔本動詞〕	（まゐる＋す）「まゐる」の強め
	〔補助動詞〕	謙譲語　お〜申し上げる
奉る	〔本動詞〕	①謙譲語　差し上げる ②尊敬語　召し上がる・お召しになる・お乗りになる
	〔補助動詞〕	謙譲語　お〜申し上げる・お〜する・〜して差し上げる

侍り	〈本動詞〉	①謙譲語　お仕えする・お控えする ②丁寧語　あります・ございます
	〈補助動詞〉	①丁寧語（です・ます・ございます） ②「なり」（断定）・「たり」（完了）の丁寧語 例　に（て）侍り　て侍り
候ふ	〈本動詞〉	①謙譲語　お仕え申し上げる・お控え申し上げる ②謙譲語　うかがう・参上する ③「あり」の丁寧語
	〈補助動詞〉	①丁寧語　～ます ②「なり」（断定）・「たり」（完了）の丁寧語 例　に（て）候ふ　て候ふ
聞（こ）ゆ	〈本動詞〉	「言ふ」の謙譲語　申し上げる
	〈補助動詞〉	謙譲語　お～申し上げる・お～する・～して差し上げる

あり	「御～あり」の形で尊敬語（～なさる）
奏す	謙譲語（天皇に）申し上げる
啓す	謙譲語（皇后・皇太子・皇太后などに）申し上げる
のたまふ	尊敬語　おっしゃる
のたまはす	尊敬語「のたまふ」の強め
おぼす	尊敬語　お思いになる
おぼしめす	尊敬語「おぼす」の強め
知ろし召す	①尊敬語　知っていらっしゃる ②尊敬語　お治めになる
おはす	尊敬語　いらっしゃる
おはします	尊敬語「おはす」の強め
まかる	謙譲語　退出する
まかづ	謙譲語　退出する

たまはる	謙譲語	頂く
仕うまつる	①謙譲語 ②（詩歌を）	お仕え申し上げる お作り申し上げる
御覧ず	尊敬語	ご覧になる
大殿ごもる	尊敬語	おやすみになる
聞こす	①尊敬語 ②尊敬語 ③尊敬語	お聞きになる 召し上がる お治めになる
聞こし召す	尊敬語「聞こす」の強め	
いまそがり	尊敬語	いらっしゃる
ます	尊敬語	いらっしゃる
まします	尊敬語「ます」の強め	

漢文

名詞

公《こう》・卿《けい》	古代の大臣。高位高官の総称。
大夫《たいふ》	公・卿に次ぐ高級官僚。
士《し》	①男子 ②役人 ③立派な人（＝君子）
相《しょう》	宰相《さいしょう》
布衣《ふい》	平民
市井《しせい》	民間
君子《くんし》	学徳のある立派な人。↕ 小人
小人《しょうじん》	学徳のないつまらぬ人
丈夫《じょうふ》・大丈夫《だいじょうふ》	立派な男子 ＊現代語の「丈夫」ではない。
故人《こじん》	旧友・旧知・親友 ＊「死んだ人」ではない。
古人《こじん》	昔の偉人・賢人
行人《こうじん》・行子《こうし》・遊子《ゆうし》	旅人
百姓《ひゃくせい》	人民・国民 ＊「農民」ではない。
客《かく》	①客人 ②旅人（詩で） ③食客（散文で）
大器《たいき》	すぐれた人物
仁《じん》	儒教が説く最高道徳
道《みち》	①道 ②正しい生き方 ③正しい政治 ④思想 ⑤道理 ⑥方法
義《ぎ》	①正義 ②意味
理《り》	道理
名《めい》・聞《ぶん》・声《せい》	評判・名声
法《ほう》	①法律 ②手本

書《しょ》	①書籍　②手紙　＊詩で②が問われる
糸《いと》	＊詩で問われたら「白髪」の比喩。
城《しろ・じょう》	①城壁　②町
裏《うち・り》	中・内
字《あざな》	呼び名

人称代名詞

一人称　＊この項は、すべて「私、わたくし」と訳す。

我《われ》**・吾**《われ》	
予《よ》**・余**《よ》	＊「われ」と読むこともある。
朕《ちん》	＊皇帝の自称
寡人《かじん》	＊王侯の自称。本来は「学徳の寡《すくな》い人」の意味。
臣《しん》	＊臣下が、君主との会話で使った。↕「君」

＊漢文では、「姓名」の「名」を、自称として使うこともある。

二人称

汝《なんぢ》**・爾**《なんぢ》**・若**《なんぢ》	おまえ・君
子《し》	あなた・先生　＊目上に
夫子《ふうし》	先生　＊先生に
君《きみ》	あなた・ご君主（本来の意）↕臣
王《おう》	王様　＊王に
陛下《へいか》	陛下　＊皇帝に
公《こう》**・卿**《けい》	あなた・殿様

三人称

○三人称には普通名詞・固有名詞・指示代名詞（之・其）を使うことが多い。

○「子」・「夫子」が「先生」の意味の敬称になることがある。

○二人称の「君」・「王」・「公」・「卿」が、その地位にある人の三人称になることがある。

○「彼《かれ》」は「此《これ》」に対する指示代名詞で、人称代名詞ではない。人を指すこともあるが、英語の「he」だと考えると間違えることが多い。

熟語・慣用表現

所以《ゆゑん》	①原因・理由　②方法・手段
所謂《いはゆる》	いわゆる
為《なリ》レ人《ひとト》	人柄・性格
何也《なんゾや》・何哉《なんゾや》	なぜだ
何故《なんノゆゑニ》	なぜ
何処《いづレノところ》	どこ
何時《いづレノとき》	いつ
幾何《いくばく》・幾許《いくばく》	どれほど
何以《なにヲもつテ》	①どうして（理由） ②どうやって（方法）
何為《なんすレゾ》	どうして

如《ごとシ》レ是《かクノ》 如《ごとシ》レ此《かクノ》 若《ごとシ》レ是《かクノ》 若《ごとシ》レ此《かクノ》	このようだ
何如《いかん》・何若《いかん》	どのようか、どう思うか
如何・若何 奈何	①いかんセン (a)どうしようか〔疑問〕 (b)どうしようもない〔反語〕
	②いかん どのようか、どう思うか

接続詞

而 ①順接	(a)文頭　而《しか》シテ　(b)文中〜テ《シテ》而
而 ②逆接	(a)文頭　而《しか》レドモ ルニ　(b)文中〜ドモ而 ＊文中では「而」そのものは読まない。
然《しか》レドモ・然《しか》ルニ	しかし、だが　＊逆接
然《しか》リ而《しかう》シテ	しかし、だが　＊逆接
雖《いへど》モ㆑然《しか》リト	しかしながら
然《しか》ラバ則《すなは》チ	それならば
然《しか》ル後《のち》（ニ）	そこではじめて
於《お》イテ㆑是《ここ》ニ	そこで
是《ここ》ヲ以《もっ》テ	だから
以《もっ》テ㆑是《これ》ヲ	これによって

動詞

説	とク／＊音は「セツ」 よろこブ＝「悦」　＊音は「エツ」
悪	にくム／憎悪・嫌悪　＊音は「オ」 「アク」と読めば「わるい」の意
就	つク／就職・就学　なル・なス／成就
遺	のこス／遺産　わすル／遺忘 おくル／遺贈
対	こたフ＝お答えする
謂	いフ＝言う　おもフ＝思う
事	つかフ＝仕える ことトス＝仕事にする
道	いフ／報道
愛	あいス／愛慕　をしム／愛惜

見
みル＝目に入る・見る・会う
まみユ＝お会いする／謁見
あらハル・あらハス＝現

辞
じス＝ことわる／辞退・固辞
＝やめる／辞職・辞任
＝いとまごいをする／辞去

謝
しゃス＝あやまる／陳謝・謝罪
＝ことわる／謝絶
＝礼を言う／感謝・謝恩
＝去る／新陳代謝

之・如・適
ゆク

畏
おそル／畏怖

望
のぞム＝遠くから見る／望遠
＝希望する／希望・志望

負
おフ＝背負う／負担・負債
たのム＝頼る／自負
そむク＝背く　まク＝負ける

中
あツ＝的にあてる
あたル＝当たる／命中・中毒

造
つくル　いたル／造詣

易
かフ＝交換する／貿易・交易・改易・変易　＊音は「エキ」
☞形容詞（やすシ）

已
やム＝やめる　副詞（すでニ）

作
つくル／創作　なス／動作・作為
おこル／発作　なル

為
つくル＝作　をサム＝治
（～と）なル＝～になる
（～と）なス＝～にする、～と思う
（～を）なス＝～をする
たリ＝～である　前置詞（ためニ）

与
あたフ＝与える
あづかル＝関係する／関与・参与
くみス＝仲間になる、支持する
ともニス＝一緒に行動する
☞副詞（ともニ）前置詞（と）
比較選択接続詞（より）

過
すグ／通過・過度　よぎル＝立ち寄る
あやまツ／過失

勝	かツ／勝負・勝敗　まさル／景勝
堪	たフ＝堪える

形容詞

易	やすシ／平易・簡易・安易・難易 ☞動詞（かフ）貿易・交易・改易
難	かたシ ↕ 易
少	わかシ＝若い／年少　すくなシ
衆	おほシ
寡	すくなシ

副詞

○副詞は読めれば意味は分かる。読み方を覚えよう。
○☆印は、頻出するもの

甚☆	はなはダ
頗	すこぶル
尤	もっとモ
益☆	ますます
愈☆	いよいよ
唯☆	たダ
惟☆	たダ
但☆	たダ
只☆	たダ
特	たダ
徒	たダ・いたづらニ
止	たダ
祇	たダ
独☆	ひとリ
僅	わづかニ
尽☆	ことごとク
勝	あゲテ
毎	つねニ
忽	たちまチ
暴	にはかニ
漸	やうやク
徐	おもむろニ
尚☆	なホ

漢字	読み
猶☆	なホ
先☆	まヅ
蓋☆	けだシ
或	あるいハ
寧☆	むしロ
果☆	はタシテ
自☆	みづかラ おのづかラ
私☆	ひそかニ
窃	ひそかニ
具☆	つぶさニ
遍	あまねク
殆	ほとんド
凡☆	およソ
頻	しきリニ

漢字	読み
数☆	しばしば
向	さきニ
嘗☆	かつテ
曽☆	かつテ
固☆	もとヨリ
素	もとヨリ
既☆	すでニ
已☆	すでニ
既已	すでニ
若☆	もシ
如☆	もシ
苟☆	いやしクモ
暫	しばらク
且☆	しばらク・かツ
適	たまたま

漢字	読み
偶	たまたま
方☆	まさニ
始	はじメテ
常☆	つねニ
与☆	ともニ
倶	ともニ
審	つまびらかニ
一	ひとタビ
請☆	こフ
願☆	ねがハクハ
即☆	すなはチ／すぐに
便☆	すなはチ／さっそく

漢字	読み・意味
乃 ☆	すなはチ／①そこで ②やっと ③なんと
輒 ☆	すなはチ ①そのたびに ②すぐに
則 ☆	すなはチ／その場合は
又 ☆	また／そのうえ
復 ☆	また／もう一度
亦 ☆	また／やはり
終 ☆	つひニ／けっきょく

漢字	読み・意味
卒 ☆	つひニ／けっきょく
竟 ☆	つひニ／けっきょく
遂 ☆	つひニ／①けっきょく ②そのまま

平安貴族の恋愛と結婚

番外編
「若と姫の恋愛と一生」

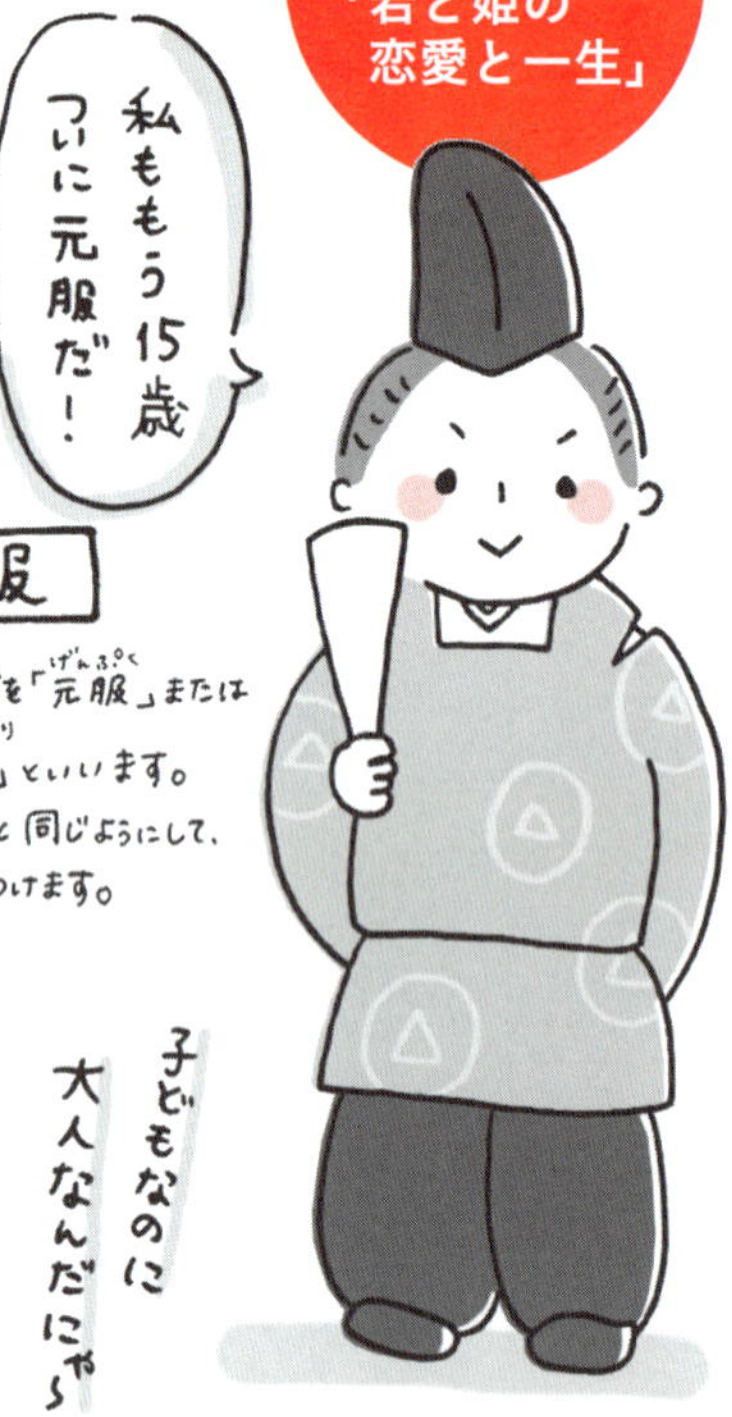
私ももう15歳
ついに元服だ！

元服

男子の成人式を「元服《げんぷく》」または「初冠《ういこうぶり》」「冠《こうぶり》」といいます。髪型を大人と同じようにして、初めて冠をつけます。

子どもなのに大人なんだにゃ〜

あそこの姫君はたいそう美しいらしい
コソコソ
ふむふむ…

情報を集める

貴族の女性は家族以外の男性には顔を見せないため、女性の情報を集めることが男性にとっての恋の第一歩でした。

うるはし…

ステキな女性を垣間見る

女性の姿を確認できるのは、垣根の間から、あるいは几帳や御簾のすきまからのぞき見たときだけ。これを垣間見といいます。

貴族の恋愛ってめんどくさいにゃ…！

和歌を忘れずに。

「文」でアプローチ開始！

男性は意中の相手に「文」を送ります。平安時代は和歌をメインにした手紙を送るのが常識でした。

両思いになる

文のやりとりが続き、両思いになると、男性は女性の家で一晩過ごします。ここではじめて女性の顔が見られるというわけです。

3日連続で通う

お互いに相手への不満がなければ男性は女性のもとに通います。そして3日連続で通えば、めでたく結婚となるのです。

めでたく結婚!

当時、ひとりの男性が複数の妻を持つ一夫多妻制は珍しくありませんでした。

三日夜の餅

3日目の夜には、女性の家で、新郎新婦に餅がふるまわれます。結婚のお祝いの儀式です。

平安貴族の一生
今のように医学が発達しておらず、
平均寿命が短かかった平安時代。
人生の節目にはさまざまな
おめでたい儀式を行いました。
おぎゃあ〜！
誕生
うまれたにゃ〜♪
産養ひ（0歳）
出産後、3日、5日、7日、9日目の
夜に、祝宴が開かれました。
いろんな儀式があるんだにゃ
うつくし我が子…
袴着（3〜7歳）
大人の仲間入り!!
元服
（12〜16歳）
裳
裳着（12〜14歳）
平安時代の40歳
といえば、もう長寿！
四十の賀（40歳）
出家
人によっては俗世を捨て
仏門に入ることもあります。
死